WORDSEARCH
for Calm

WORDSEARCH
for Calm

This edition published in 2021 by Arcturus Publishing Limited
26/27 Bickels Yard, 151–153 Bermondsey Street,
London SE1 3HA

AD007983NT

Printed in the UK

Countries of Africa

```
S U I T I R U A M I R V S
C H A D E L H I I S I R O
Y P J G G E I N U L P C R
H L I X R P C A G N A A O
Y N B D D L N Z A I I M M
K H S O G G Y N N D W E O
T G A E T L D A D W E R C
G K M T N S V T A E R O Z
U D E X D E W I O K O O O
I S G N T L G A E S S N E
N I I N Y L V A N O U J M
E O M A L A W I L A D W A
A N B R B I A T I U A Q I
E Z Z A M B I A O G N O C
M A D A G A S C A R D F V
```

BOTSWANA	MALAWI
CAMEROON	MALI
CHAD	MAURITIUS
COMOROS	NIGER
CONGO	SENEGAL
GABON	SUDAN
GUINEA	TANZANIA
KENYA	UGANDA
MADAGASCAR	ZAMBIA

Edible Hues

```
O M I M T L E P R J C B E
J B I K J V E P R T A G Q
H E G N I S T M N V A S X
N X U L T E O O O S S V E
V I O N K G M C R N T E W
M S F R Q L A I T R R L Y
A A N O A D T B L T A S V
E L M S O N O H N I W K L
R X U B H R G O T S B A F
C Z L B O A R E U E E A H
E D P T S F Z N A T R A C
A N A E F O K E V O R P N
N P I A A R E M L A Y L I
R N S W C C I N N A M O N
G I V R S U H L J D U R K
```

AVOCADO	PEACH
CINNAMON	PLUM
CREAM	SAFFRON
HAZEL	SAGE
LEMON	SALMON
LIME	STRAWBERRY
MINT	TEAL
OLIVE	TOMATO
ORANGE	WINE

When the odds are
hopeless, when all
seems to be lost, then
is the time to be calm,
to make a show of
authority – at least
of indifference.

Ian Fleming

Olympic Sports

```
N V Y O G A A R C H E R Y
O O B I T N R E O W C I U
E L O G H N I H A M M E R
S L X N G I A T A D A B C
C E I I N Z G R N I A A D
I Y N K I G G H B E N N E
T B G L V N L W J O V V N
E A N A I R T S E U Q E I
L L L W D S N I H M M I L
H L O E U K N U K D O P O
T R F C S G R P J U D O P
A A S A S D O N I R G M M
L I N R L Y E K C O H X A
D P S E A K F S Q E I L R
S R S I N N E T E L B A T
```

ARCHERY	HIGH JUMP
ATHLETICS	HOCKEY
BOXING	HURDLES
CANOEING	JUDO
DISCUS	RACE-WALKING
DIVING	ROWING
EQUESTRIAN	TABLE TENNIS
EVENTING	TRAMPOLINE
HAMMER	VOLLEYBALL

Geographical Features

```
I N E N I L T S A O C B X
Y E T D N P O Q A F E T O
R L I N A T H S R A M K B
A G P C E G L P C A L E C
U N Q W C M Z H L E A A W
T U V S O B P I L D G O D
S J A S G S C R C D O Z O
E K K D H H Q N A D O R I
N G P O I T L J L C N I J
P F R E E F G A E Y S V D
O E A O F S N G C L T E G
Y N I T G D D Z J S L R Q
T T R E S E D E Q M Q I A
S N I A L P O B B P W U H
R J E R K G O L B M R G L
```

BEACH	LEDGE
COASTLINE	MARSH
DESERT	OCEAN
ESCARPMENT	PLAIN
ESTUARY	PRAIRIE
GORGE	REEF
HILL	RIVER
JUNGLE	SHORE
LAGOON	WOODLAND

Double-letter Starts

```
O O L L N T N F N E K E E
L L X O S E T E E A O A E
I O U Y I L E D U A K A D
J X C R L O N L R E O L L
O O E O O E G I A D O B O
O E Y M T O E L Q M L O O
S D P S K O G L N C O R L
P A O O H T H E G D G G I
H O S R E H S R N R Y C T
E Y A E O E O U G E A F H
R E A N F C L A H M S S T
E T E A E A S W A R O I S
N U V L R E L P O R A D S
X E E L P O U T H R O A E
O O R S Q L E E S U M N R
```

AALBORG	LLOYD
AARHUS	OOCYST
AARON	OOGENESIS
EELAM	OOLITH
EELGRASS	OOLOGY
EELPOUT	OOMPAH
EELWORM	OOSPHERE
EERIE	OOSTENDE
LLANERO	OOTHECA

Presidents of the USA

```
D A N O T G N I H S A W A
D N A L E V E L C Q B S U
E H A N N S N H B R M E D
N R M I I O S O P U E Y M
B S A N O B S M X I S A O
M Q B O P V A R S I Y H N
C H O S S D E E L N A R
K V O Q I U N D Z F W X O
I N O S N H O J F T F B E
N Z O T O P M R S T S E D
L N U W R O H O F P A T J
E S E D C L G A D A M S L
Y R M B B K T R R R D D S
T Y L E R G R A N T T Q T
G E D E R E T R A C T M L
```

ADAMS	MADISON
BUSH	MCKINLEY
CARTER	MONROE
CLEVELAND	NIXON
EISENHOWER	OBAMA
GRANT	POLK
HAYES	TAFT
JEFFERSON	TYLER
JOHNSON	WASHINGTON

Yellow Things

```
M B D I H S I B F S B M R
Y O D G I J Z F H Y Z N N
R C A W D G D R A T S U C
A E N E O A O R H L T H P
N H D G N A R S M A I Z E
A T E N R O D P L C J L F
C N L O W A I P K I E T M
P O I P A L P S E M N Y E
B N O S U V F E O T B G L
F R N T G Y Y N F X A W O
M O U E S O R M I R P L N
N C X S E R X L O S U Z S
D O A E N I M S A J B I B
Y E L L O W H A M M E R T
T I L F I V N O R F F A S
```

CANARY	MAIZE
CHICKS	MELON
CORN ON THE COB	PRIMROSE
CUSTARD	SAFFRON
DANDELION	SPONGE
GOSLING	TULIP
GRAPEFRUIT	WOAD PETALS
JASMINE	YARROW
LEMON	YELLOWHAMMER

Sports Equipment

```
K X J K X M G K V Z M Y K
S D G U O V C I C X C P Q
R O A O M U P F O A I M G
A R Q R P P O Q R T J Y O
L G A J T X I Q O A R F L
L N F B L S N N G L M J F
A I P S U L I M G G F E C
B H M I J C A S A P F Z L
T S K A T E S B K S O O U
O I S E R V T S E Q H L B
O F S Z G R E O G S W I E
F S L U G E O I S X A G E
K B A I L E L W G R V B Q
N B E R O D E L T T A B V
K C I L B I N H X E D O K
```

ARROW	JUMPING POLE
BASEBALL	LUGE
BATTLEDORE	MASHIE
DARTS	NIBLICK
FISHING ROD	OARS
FOOTBALL	PITON
FRAME	PUCK
GOLF CLUB	SCUBA
JACK	SKATES

China

```
Y T S U T X F B N A E H P
U B T O H W R A L W A T X
N N X Z N C N L O R U S O
F Z I L S U N B B R G H M
U B A N H O H I J O G I U
O U N N G V N C S B S J O
Z O G V S B D F G H T I K
R H F T R H O Z B N N A I
D Z A R C H U Q T U A Z A
A I N I L E R N Z E H H H
T A J V G F H Q I H S U C
O T D T A E Z E L V E A J
N N B R J I L U N O H N P
G N I J I E B S E A R G W
V E A W K L R Y A Y N J F
```

ANSHUN	HSINCHU
BEIJING	HUNAN
CHANGCHUN	NINGBO
DATONG	SHIJIAZHUANG
HAIKOU	TAIZHOU
HARBIN	WUHU
HEFEI	XIANGFAN
HENAN	YUNFU
HESHAN	ZIBO

People

```
E W D S N X H R Z P M D L
H U Y W U A D R U L E Y S
S U S E E X L B T S O G H
P T D A I L L C V X N E Y
P S N T D I L O O I B L T
C H N A C U Y E E I N O E
D O U O P S L B R K O C I
D A U M S U R T F S D A C
S B W N A R C E S O O L O
N I K Y T N E C H X L S S
S I S T E R S P O T C K L
Y L I M A F Y B A E O E S
M O R T A L S M E Z R R S
A R M E L A N S E T F A B
S N E Z I N E D U N I D S
```

ADULTS	HUMANS
BEINGS	LOCALS
BROTHERS	MORTALS
CLAN	OCCUPANTS
COUNTRYMEN	PERSONS
DENIZENS	PUBLIC
DWELLERS	SISTERS
FAMILY	SOCIETY
FOLKS	TRIBE

New York

```
N S L N T R I B E C A B N
G R A N T S T O M B M R Y
Y A N K E E S T A D I U M
V R S A S S X M L E S Z U
R S V U I Y R M B S R D N
G K Z A U D N R A E S A I
Q U E E N S O A V C T T O
C O E U T N E I F T Y Z B
L T F N X H R M A F C S R
T Z Q R I T E H W H I Y O
T O H O S L N A E W A T O
U Q L A R A Y L T W R F K
Q N E A M N S K B E S P L
T I H I M E L U S A R R Y
R N N Q A T S W Z U K S N
```

BRONX	SAKS
BROOKLYN	SKYLINE
CHELSEA	SOHO
EAST RIVER	SUBWAY
GRANT'S TOMB	THEATERS
HARLEM	TIFFANY'S
MACY'S	TRIBECA
MANHATTAN	UN HQ
QUEENS	YANKEE STADIUM

Ending "UP"

```
P U A U P N U P E R O U P
R Y X T G U P U M R I F G
L U U P P B K L D I G U P
T P P O A U U O P E N U P
P U D A O L N T O Z L P C
U O I U P A U W T H C Q G
P U H S I L O P E O C U B
P P U N E K O W N S N E N
P U K M E T H J P S P U H
C U D I A T U R U B U E P
J J T N A R P P X P E U N
U P L C E V K L O U I P K
G V E U A P N U B U T U X
K U P U W U P D P L T R U
P U N E T H G I T X P U P
```

ACT UP	MARK UP
BOX UP	OPEN UP
BUTTON UP	PAL UP
CONJURE UP	POLISH UP
DIG UP	QUEUE UP
END UP	SEWN UP
FIRM UP	TIE UP
HOOK UP	TIGHTEN UP
LOAD UP	WOKEN UP

Music Lesson

```
P U I P D S N A I R D N O
W L J R U S E O E R S F P
H A E A E B E V I A N E M
J C L C A A R S A S A L E
A E T T T R S E L T N C T
R T W I Z R T W V R S E O
T S U C S S U I T E H L T
S S B E H L P M M C N B A
E R E T E R S D T S E E B
H A E L A U T I I V G R U
C R N H A D P D V S D T R
R N S Y N C O P A T I O N
O E P D B B S Y F R R M A
R E V A U Q L E S D B K L
P R E T O N D E T T O D Y
```

BREVE	SCALES
BRIDGE	SHARP
DOTTED NOTE	STAVES
ORCHESTRA	SUITE
PITCH	SYNCOPATION
PLECTRUM	TEMPO
PRACTICE	TENSION
QUAVER	TREBLE CLEF
RUBATO	WALTZ

Boxes

```
E R E T T E L D A E D T C
C E L N P X T N D I I R O
U L I R F V P R S S V J L
N A V F Q U E P O D S O L
P A U D S L A P N O O U E
U N K N G T E M U T N C C
S O R L C D A N Q C U H T
I S O H E T D L H V O N I
W V W F C D Z I C Q L D O
E W A H D X R O O R F C N
H S I Q E D S H O I Z E Z
B R L A U N S B L D C S C
N F R F J A D X O I S A L
G N I K C A P A I O D A B
I R S P E C I M E N M H T
```

BOOM	MATCH
CASH	PACKING
COLLECTION	PAINT
COOL	SAFE-DEPOSIT
DEAD LETTER	SNUFF
DISPATCH	SOUND
GLOVE	SPECIMEN
ICE	TOOL
LUNCH	WORK

The Garden Pond

```
R O C K S R I R L S K N C
F C L L E A F N E T Q A V
Q R A W S K F B D S R X H
O B E I W V G O X P T X D
S D B N D N L B R I D G E
S G Q F I Q H B E P F R N
R H D B W L Y W F H C A F
L E U K Y T I R A L C S I
C T T T H M O S V N D S S
T S M L P U N D D E X E Y
V V E E I L K G P A N S I
M T Z V O F A T Z O O T C
R I P P L E H N T K Z T O
A E A G L A X S T G O R R
J N K J W G V R E S Q I P
```

ALGAE	LINER
BRIDGE	PLANTS
CARP	RIPPLE
CLARITY	ROCKS
DEPTH	SLABS
FILTER	STONES
GRASSES	TOADS
KOI	TUBING
LEAF NET	VALVES

Remain calm, serene,
always in command
of yourself. You will
then find out how
easy it is to get along.

Paramahansa Yogananda

Hello

```
F N E M M O K L E V G V L
N O F N R L S R C W O Z L
Y S X O D L A N J L D O G
E K A S V E I K I R D O N
M L N L L H J M A R A E I
O A I C U N R V L Y G Z N
C W S N A T S Y O D I P R
L W M N L T A J H W Z H O
E I A K V D F T A O H G M
W J E U D H M E I H N S D
L W Y O G O O T I O N X O
N T O O L K P L I A N C O
E G N A M L S A L V E S G
A A H J V D H S R O Y E O
E S D O B A R D A N A O S
```

ALOHA

CIAO

DOBAR DAN

GODDAG

GOOD DAY

GOOD MORNING

HELLO

HIYA

HOLLOA

HOWDY

SALUTATIONS

SALVE

SHALOM

S'MAE

SVEIKI

VELKOMMEN

WELCOME

ZDRAVSTVUYTE

Genealogy

```
G H Z H S D O D C Z I S P
N B T P I R C S U N A M R
W P G G O L P D T E D R L
F S Y R A R B I L P H A T
D T R X A G I F X H A F H
I N H E C V N D J E E O T
O A H L H E E I D W V T R
N D S U H T A E D L I A I
T N U A S H A I E E R O B
E E C N E B V F E L E C R
I C O S K O A N D U K R C
U S S L R E Z N S N N A B
M E T C J I J I D L A O V
O D E M A B E G S X X R E
L T D M R O C H A R T S G
```

AUNT	DIVORCE
BANNS	GRANDFATHER
BIRTH	GRAVE
BREEDING	HEIRS
CHARTS	HUSBAND
COAT OF ARMS	LIBRARY
DEATH	MANUSCRIPT
DEEDS	NEPHEW
DESCENDANT	SONS

Mr Men

```
K T P J I I I S B K G Y U
I R F E I H C S I M N B O
E L S A S D S O L I O U B
P X O T A A M S T O R C D
M O A O B I A Y X A W I V
N I I U C B Z V R Y L V O
O J M T D Z F U P U G L M
Q P P R I H S M Y S D R C
A P O D M H U P M D S E L
A R S K L R P T D L M M E
B U S Y G A I Q N D A Z V
R V I P H A Z T S P L S E
Q M B O A Z X Y K S L D R
L V L C E S T U B B O R N
R E E Q K D Y S S U F I H
```

BUMP	LAZY
BUSY	MISCHIEF
CLEVER	RUDE
COOL	RUSH
DIZZY	SLOW
FUSSY	SMALL
GRUMPY	STUBBORN
HAPPY	TALL
IMPOSSIBLE	WRONG

The Nordic Region

```
G B K N Y D N A L N I F E
N C U R H X J V K J L W H
I B A U A C I N O R W A Y
N O L S O M L E E R T S H
R U E U G J N G U D U V A
E O S V U K N E N D W A V
H E U S U A I A D G N L A
Y E N A V S L V A D R B R
V A D A I P Z S R K E A T
N S T W A O I U Y A N R I
X S W L D R W O B D N D W
C O P E N H A G E N A R A
A W N K D B F R J M V J G
I S S J A E S P N T C S J
E X N L D X N E M M A R D
```

ALESUND	NARVIK
COPENHAGEN	NORWAY
DENMARK	ODENSE
DRAMMEN	OSLO
FINLAND	RANDERS
HAVARTI	STAVANGER
HERNING	SVALBARD
LAPLAND	SWEDEN
LJUSNAN	VANNERN

Rivers of Europe

```
T W W C R N V U B T A F F
U F A K E L E V L G N F K
R E T S E I N D E O C R U
N E N L C C P R R D G G A
G A S I M A U H T A Y Z I
W I M E K F C V N V V L H
A B M E I L H G A A Q A C
R K N O N N A H S C P Y C
N S K Z N N E N E E Z B E
O Y B O C E E B Q B J P R
W D R H F Y A I A J L N A
C B K A S A H N V B W E M
E O Y V Z L N Z L M N Q L
E Z Z O R P G T G B S O A
L I H N Z F L R O W O C K
```

AVON	NEMAN
CAVADO	OFANTO
CLYDE	SEINE
DNIESTER	SHANNON
DRAVA	TAFF
EBRO	THUAMIS
ELBE	VELEKA
GIMONE	VIENNE
MARECCHIA	WARNOW

Eating Out

```
U N E M P D Y P S B P L U
Z O B M C E B K A E D C T
U Z E X L F C R G R N F I
N A D B I P C U J L T S C
L O A L A C A R T E I Y L
L T I R O L R V C L E R V
P L L T L K X O D M E A G
S I I I A E O D M E R R T
G B B R A V V I I A E A Y
I S O T G I R N Q T P H C
E I E F U L X E X A P S T
T R F S M R A R S S U I X
Y L P T O Y W S I E S F E
O C S E R F L A S M R S A
O G U Q C D R I N K S N A
```

A LA CARTE	GRILL
ALFRESCO	MEAL
BILL	MEAT
CUTLERY	MENU
DINER	PARTY
DRINKS	RESERVATION
EATERY	SUPPER
FISH	TABLE
GLASS	TAPAS

Advance

```
S U T N Y R I O G R B A M
T A G T T N O E J N G B E
H P N B S N T L V N C D N
R A F Y O N E V L O V E P
I V Y F E O V M K G H B R
H Y T A U I S A G T N S O
S S R W O R G T G U Q V P
I E J X K M T N T L A X E
R Y A W D A E H E K A M L
U V M T H R I V E S F D E
O N D A T F E N X R H R V
L S X S R T R O P P U S A
F X E L W C R U A S L F T
R Y T N Z Z H S N M Q L E
A E P K D O I L D N A N T
```

AUGMENT	GROW
BOOST	MAKE HEADWAY
ELEVATE	MARCH
EVOLVE	PROPEL
EXALT	SEND
EXPAND	SHOVE
FLOURISH	STRENGTHEN
FURTHER	SUPPORT
GET NEARER	THRIVE

"O" Words

```
E T O E Z S E R I O O L I
O S O J E N D L O W R V R
I I O Z Y R Y S P L O E O
Y G C T O O O R N U D F T
T O N F O N T O C N T I I
I L X U O B E S I T Y C E
N O Y G N I L L E S T U O
U C O P W D O O Y S T E R
T N H C B O V P N E B T E
R O O O O E B E E G N O T
O N O A R N S X V R O A L
P T O L E C O T O O A K V
P D O K U Y S O M D R N W
O O S H T A O O Z I N G D
K D E O R O L O L I V E O
```

OATHS	OPERAND
OBESITY	OPPORTUNITY
OBLONG	OUTSELLING
OCELOT	OVERLOOK
OCTUPLE	OXBOW
OLDIE	OXFORD
OLIVE	OYEZ
ONCOLOGIST	OYSTER
OOZING	OZONE

Windows

```
S Q E I S U O L A J T V E
L W L S E B I R L E I R O
T R I Y L O R E V I M R L
R E G N R I O R U T S N A
A N H R D M D E H X B O W
V E T D S O N I R Y A O S
E T U L B W W Z N P A N E
R S P Q R A K A N G X N S
S A W A D R Y L C E H R S
E F R Y R V F G L W B T A
Y P A T T E R N E D A G L
S G U T S K L O A L Q N G
J A E U R G A N R E I I N
X L S P N W E M A R F L C
M I D H T U A A A C L X E
```

BAY	ORIEL
BOW	PANE
CLEAR	PATTERNED
FASTENER	PUTTY
FRAME	SASH
GLASS	SILL
GLAZIER	SLIDING
JALOUSIE	TRAVERSE
LIGHT	WINDOW

Metals and Alloys

```
Y I R C O J I J O S X U E
N Z L N R J O R D L Y S C
P O D I N L E K C I N X B
I B R Z T T U T A U I Q N
N O X I W R O D R I T E G
C Y A E R M E H B L N L X
H P P V B E B D O U O E U
B N T A X O O A L A A C E
E D C F L A L E O O H T O
C Z A G W E F R Y E S R S
K B L E E N E T S G N U T
P Z R T L N J T N O Q M O
J A S A K P R E V L I S Y
I Q L K S Y R H O D I U M
L Z T L L S D E Z N O R B
```

BRASS	PINCHBECK
BRONZE	RHODIUM
CARBOLOY	SILVER
ELECTRUM	SOLDER
GOLD	STEEL
IRON	TIN
LEAD	TOMBAC
NICKEL	TUNGSTEN
PEWTER	ZINC

Stitches

```
Z F T Y Q W T B F O T L B
N F I N R C S C R O L L K
I B Q X W E A J R L H H S
A B L B N T D I J O B U L
H D X I C Q J I W Y S M I
C E R H N S C H O B Z S P
N F R G N D I G A R T E R
W O Y R H P R C C E B R W
L C R F I Q K Y N C R M S
F O D V Y N B T G Y E E E
Z G N N E G G X O Q D R R
Q Q A G R H B B E V D F A
O V E R L O C K O T A K V
S R D L S M O S S N L K Y
C G P T N S Y X U Q E P S
```

BACK	HERRINGBONE
BLIND	LADDER
CATCH	LONG
CHAIN	MOSS
CHEVRON	OVERLOCK
CROSS	SCROLL
EMBROIDERY	SLIP
FAN	TENT
GARTER	WHIP

TV Quiz Show

```
I Y A Z S M O D A W M N T
X N I Q H E M P C C E N E
E U V I C T O R T E I Z D
Q E I S L A V I R E I I L
Y B R P S P N I W R O N G
P O T E U U G E P T C F L
K N E E S H S B U Z Z E R
H U J D T U Q P V D T L C
C S C H A E C N E I D U A
L I O L L R E W B N R C S
P S P S R E W S N A S U Q
T P T O O B E O M B G E L
A E D T T E S T I N G F Z
A S T A U Z E S A I E R W
Y R O M E M T Z S F E L K
```

ANSWERS	RIGHT
APPLAUSE	RIVALS
AUDIENCE	SPEED
BONUS	SUSPENSE
BUZZER	TESTING
HOST	TOPIC
MEMORY	TRIVIA
PRIZE	VICTOR
QUIZ	WRONG

Cheeses

```
G G O M M A N D M G I K Z
H Y D K A Q W A Y U J W D
R X V V O T D I F I E T A
E M O N T E R E Y J A C K
T L X E D L H E D Y E O V
S U T T M F K T B R F O P
E E U L B K R A N A L L R
H T I Y W M L E I Z A E O
C V C A Y F Y R D P C A V
N V U P B B A Z P A R N E
O M A Q V G R I X T E Q L
B B E I U D K E D E V T G
V K R I O A W K D F L R W
M I F I R H R H M O A O G
K G Y E E A E K S Y H I A
```

ABERTAM	FETA
AIRAG	LANARK BLUE
ALVERCA	LAPPI
BONCHESTER	MEIRA
BRIE	MONTEREY JACK
CERNEY	PROVEL
COOLEA	QUARK
DERBY	TEIFI
EDAM	YARG

A happy life must be
to a great extent a
quiet life, for it is only
in an atmosphere
of quiet joy that
true joy dare live.

Bertrand Russell

Ample

```
A B P V T B L D A I T C I
R N M R A R F A L Y A E B
O W I Z E O L N R G E D O
N C A T R A O H K G A I N
H H Q I G D O L G U E W L
S E O L H B D O D U R E O
L U I A J Y S B I G O X O
Z A O V E R F L O W I N G
I W R I N O E Q J R T E E
L W Q S C R E A J C I J R
Y E L H O A B U N D A N T
M H G L L N P I L E S Q H
O S A I U D M A S S I V E
O G G W O F K C C L L S J
R G Z E S N O A Z D B R Z
```

ABUNDANT	LARGE
BIG	LAVISH
BROAD	LEGION
CAPACIOUS	MASSIVE
ENOUGH	OVERFLOWING
FLOODS	PILES
FULL	RICH
GALORE	ROOMY
GREAT	WIDE

Climbing

```
W O R I E T E L R O I S O
X E P A I H C R N S Q O N
T K Q M R S A O W D E Z Y
Y J M U H A I C R N R B D
R U I E L T N O R R U A N
S R R A A L P I N I S T N
Q P R V B E L A Y N S L O
A N E D S L O P E D I B T
B L M T W X X C N N F I I
E C A F H E L C A N N I P
D R U E L G T D N D Z X X
I Y A L W F I T N E C S A
U I S C L R D E H L O X D
G O L A F O O T H I L L S
J Z G D K R O N J D L H B
```

ALPINIST	FOOTHILLS
APEX	GUIDE
ASCENT	HEIGHT
BELAY	PINNACLE
CLEFT	PITON
ELEVATION	ROPES
FACE	SHERPA
FISSURE	SLOPE
FLAG	SUMMIT

James Bond

```
I D R A N B W S O X G O K
W U U I Y E D S A Y K V E
L E I B V R C R F X V P R
F N C I A L D R O J T E I
S M J N W O S M O V P R M
A A E C G M T L D S M Q B
Y R P U E M M Q E A G D E
S C H A N G O V B V T V Y
S O N R D I O U W A S N Q
S L T D L L N T J H M L S
V I N H P T R S A O A B S
C K I G T Z A R V R S W I
J R W A O V K R G Y A Z V
R M R S X E E O N J D A Y
I K M R Y Q R D C I L O C
```

BAMBI

CHANG

DR NO

HUGO DRAX

IRMA BUNT

JAWS

KERIM BEY

KRATT

LARGO

MOONRAKER

MR KIL

MR WINT

NECROS

RENARD

SHARKEY

VESPER

VIJAY

ZAO

Choose

```
O W Z A I W M Z I C U L L
T T Q U U R O F E T O V A
T P O C S N I N I A S D C
L T U O K C I P A L F S C
U I E Y N M G F A E E E E
N I K N R Y F W C A L P P
Y G H E N I N A U N A A T
K Q T L L L R Y N T L R O
N E Y I E B R O F O G A C
D O A L M T G X H W L T A
O T X E B F F S A A E E Y
E U N I R I I D U R A R L
B R T A F S F U N D N Y M
V F U F W O B E X E L T L
N F F D E C I D E C I O V
```

ACCEPT	LEAN TOWARD
AFFILIATE	LIKE
CULL	OPT
DECIDE	PICK OUT
DETERMINE	SEPARATE
EMBRACE	SIFT
FIX ON	VOICE
GLEAN	VOTE FOR
GO FOR	WANT

Lepidoptera

```
T S O H G K K H I R L L S
W K C O C A E P T E M V N
E N M L L A L O E O T I D
T M O E A O I T L A M I N
B Z P L A N I K G G E D M
U E G E L M I Z N R T N Y
T U D N R O K D I A N A D
T L Z E I O P Z R C G A T
E B H A Q L R A R A Y L E
R S A P U P Y C X R C K L
F L C G G T O A D K I K U
L E R S O M X P R O D B V
Y G E E M K R D R G H B I
M O N A R C H S H H T D R
I V S W D B U F F T I P D
```

APOLLO	GRAYLING
BUFF TIP	HERMIT
BUTTERFLY	MONARCH
CARDINAL	MOTH
COMMA	PEACOCK
DANAID	PUPA
DRYAD	RINGLET
EMPEROR	RIVULET
GHOST	VOGEL'S BLUE

Varieties of Pea

```
O N A M C I A I R O O L T
L R F L O S F O V T K T N
S U D A R G A T E I Z O A
L T G S E S R E C D C M L
Z A D N I N E W N A L T L
W S T S Y H T M E V U H A
D R Z I R C O N D K Y U G
Y E O V N G O J E R M M D
X A L N X O H S R H G B W
T L I S D I S A C N T T H
C H S A E O A B I T I V J
L E R M S Y E R R K R Y W
N A I R O D P E N W S I T
B O X T C S R A Q O Y S O
W U N F B J B K R X O R N
```

BANKIT	PEASHOOTER
CREDENCE	RONDO
DELSEY	SABRE
DORIAN	SATURN
ENVY	SPRING
GALLANT	TOM THUMB
GENTRY	TRIO
GRADUS	VADITO
OASIS	ZIRCON

Capital Cities of the Americas

```
Z A P A L B U G X O M D G
O B I R A M A R A P A H E
S U I M O W R Y F L T X L
A H I N W O T E G R O E G
N L B R A S I L I A G N W
T Q Y T R C J A J Q O A N
O E X T Z E N E C U B W O
D G N L I A S A L I J A I
O Z O N V C R O Y T V T C
M W N A E A A R J O V T N
I Z H S C Y I M Y N I O U
N A E A U G A N A M A X S
G U S A Z V C C V N H S A
O E D I V E T N O M A E N
R O D A V L A S N A S P Q
```

ASUNCION	MANAGUA
BOGOTA	MONTEVIDEO
BRASILIA	OTTAWA
CARACAS	PANAMA CITY
CAYENNE	PARAMARIBO
GEORGETOWN	QUITO
HAVANA	SAN JOSE
LA PAZ	SAN SALVADOR
LIMA	SANTO DOMINGO

Food for Animals

```
W A R T S I L E V X N X I
R S T T T J Y V H O U S A
T U U E S W Y S T E U T E
E N J V U B E K H G H A Y
E V A M C E N F O D V R E
B A S I O A C R O I O E B
R E R I L D E O O M Z Y R
A D B P I E F T T C E L W
G N S D Y G Z Q S A E A S
U R L A O S L I G U X R T
S R E D D O F L A W S D B
G Y A X I L A D O M N O R
E Z V K I E I R A Y C A U
D L E E D J M A T I L T W
O F S L D S B U R G R S G
```

ALGAE

CORN

DOG FOOD

FLIES

FODDER

GRUBS

HAY

LEAVES

LOCUSTS

MAIZE

MEAT

NUTS

OATS

PLANKTON

RATS

STRAW

SUGAR BEET

WAXWORMS

Adventurous

```
H O H S A R H S I L O O F
S U O T I U T R O F O J B
H T N F W M M E X R O X E
E G C T I P P T E C M A M
A O H I R N L R O M R F O
D I E R O A T U U N W O S
S N N B B R R R C D O A E
T G C U P A E D E K E R R
R D Y R G X A H M P Y N U
O D L E I R T A Z V I C T
N X O O I S D G N N H D N
G U W N B C K Y U A F H E
S D G N A T H Y N T C B V
F V P P G I W C B I S Y N
E V A R B M Y V P E O Y E
```

BOLD	HEROIC
BRAVE	IMPRUDENT
CHANCY	INTREPID
COURAGEOUS	MADCAP
DARING	OUTGOING
FOOLISH	PLUCKY
FORTUITOUS	RASH
GUTSY	RISKY
HEADSTRONG	VENTURESOME

Things That Can Be Hung

```
E P A R D D T U Y W L X O
M G F A H H H H N G I S D
F E X L G S P T G A G L U
S K U I E O B Y N N B S E
R D L Q R H A R I P M P A
N T A T A C S T H U O C D
D T H D O L N S S V B R E
O R A O P I P E A I I Z T
D O M E A L K P W F L A G
I S M P K T A A T T E T T
P K O Z F L Y T R A P R E
L Y C F I A K R E P R N K
O B K R E I L E D N A H C
M I R R O R T N M W K E A
A E R C F T T R N E G D J
```

CHANDELIER	MOBILE
DIPLOMA	PAINTING
DRAPE	PLAQUE
FLAG	PLATE
FLYTRAP	SHELF
HAMMOCK	SIGN
JACKET	TAPESTRY
LIGHT	TROPHY
MIRROR	WASHING

"OLD" and "NEW"

```
T E I M N N D N R O B H A
I Q V A T U V E N S A D Z
M A L O L H W L A T E A D
E Z D E N O I H S A F L Z
R T S A I R V C R I G O Z
Y S J R W L E S E Y Q O A
D S T Y L E S K J J O F V
K L A E D A T J Z W O B F
N N R C M N A O H N L E D
S E D O V S L T I D E A S
O N N K W Y E A N Q P C G
R N C A O A D J N A O N R
H I V O Q L Y D I R A R D
N E N D O R V S E M Z P N
X A O G F F F P F D H K Z
```

BORN	NICK
BOY	ORLEANS
DEAL	SCORE
DEARS	STYLE
FASHIONED	TIMER
FOOL	WAVE
GOLD	WAYS
HAT	WIVES' TALE
IDEAS	WORLD

Verbs

```
Q C K R O W Q X P G J R L
O L A R O P G N H Z D E I
C E R M V T E D S T K T T
E C L Y F A B R I C A T E
Y Z N K B E Q O A I O A N
E O E Q N V X T B T C H T
I O R E R I T P C U E C N
D S O T N A W F L T I R R
K P N Q S S K T T O A L E
S O G W R E I M C E D Z D
F C I M X V D Y Y Q V E U
R Y L H A R E H T A G W C
R E A T I R V W J S N E E
Y L E V W B C V B R E A K
E I E R P G J H U R S O N
```

ATTACK	FABRICATE
BREAK	GATHER
BUILD	IGNORE
CHATTER	MARCH
CULTIVATE	OPERATE
DESTROY	REDUCE
DRIVE	SNEEZE
EXHALE	TWINKLE
EXPLODE	YEARN

Jazz

```
E R S O L Y Z Q L E U C O
V M L O E I T U K A L A O
I Z A K U E R L E A D L C
J Z A G T G C K S E H O S
B L T H I R D S T R E A M
B W I O E I I R U O J D A
Q R B L L C R Y L C I O L
D E D R P O S T B O P M E
E I X R U N I L L W O V F
D L C E D O E N U D A I N
I O K A D I D U E N T H L
C E R V P S Z R S K O R S
E D U S S U N T C O O L S
C D P G E F I I E K G V V
D W A K A Y B N B G L E M
```

ACID	GETZ
BLAKEY	JIVE
BLUES	KRUPA
CLASSIC	MODAL
COOL	MODERN
COREA	POST-BOP
DORSEY	SHAW
EVANS	SPIEL
FUSION	THIRD STREAM

If everyone demanded
peace instead of
another television set,
then there'd be peace.

John Lennon

Paintbox

```
P N D Q E N I N R U B U A
U M E K S N S L P I K B B
C H O C O L A T E C C L U
E J B M W D O Q O Q O E D
E Z E A U P L P B N B M U
S L T L A S J I D W E J E
I L E Z A H X X E X N N Z
O N O I L I M R E V I E E
U D D B L A N D Y R M C L
Q M U I O F E L E D U X B
R L E C G K U G O C Z S N
U A A D A O N T I A A R T
T F N E A A K Z D E I D T
Y P A I T J Q W W G B E A
I R C J L R E Y Q J J B M
```

ANIL	LEMON
AUBURN	PUCE
BEIGE	RUST
BLOND	STONE
CHOCOLATE	TANGERINE
HAZEL	TEAL
INDIGO	TOPAZ
JADE	TURQUOISE
JET	VERMILION

Popes

```
T N I U M E L V S R S A A
Y T V S O Y L K O C U N Z
S U N A M O R T M G I J A
J U E T N A C V S C P E F
O W I H M I J R E E T T I
N Y O A V S V T T K P R R
H J W J C N U E E O O J Z
W F I E M S R I A P U C Q
I W D X L L C N R I A A S
F S H U A E R C V O I U N
E C Z R O R O R S U N I L
L R E T S E V L Y S T O K
I R S U I L U J Q R I B H
X X N V K L F R A N C I S
O K Z Z O S I M U S L D N
```

ANICETUS	MARK
CAIUS	MARTIN
FELIX	PAUL
FRANCIS	PETER
HONORIUS	PIUS
JOHN	ROMANUS
JULIUS	SYLVESTER
LEO	VICTOR
LINUS	ZOSIMUS

Ships' Names

```
M P Z M X K O E W I C R N
M C F T A L B J A H V A W
L N I Q E R B A B L Q T L
Z I F N F R F M E D U S A
Y K A A A Q T T E E Q N I
R M N O I T U L O S E R E
E E B R R B I S E S S E X
V T A R R E S T N O M H E
O O V E L Y I R I E I T C
C P O L N R L Y O S A R N
S J O L P O A R U A A O A
I N V I N C I B L E R N R
D T T N L A E R G W I G F
D Z J I C R V O O R E B O
A Z V S E F O A P T L S E
```

ARGO	INVINCIBLE
ARIEL	MEDUSA
CAIRO	MONTSERRAT
DISCOVERY	NORTHERN STAR
ELLINIS	ORION
EREBUS	POTEMKIN
ESSEX	RESOLUTION
FRAM	TIRPITZ
FRANCE	TITANIC

In the Park

```
S N J B F V S S B V W A S
R E E F D Q D O I S A R L
D G S C F E N C E H T Y E
P L N O C J O D W T R R O
E A J I R L P V F A T A S
S S E B K I A B I P E I P
F G Q U I L E V A N U A S
B R O U R A A S E A T N R
I S E D I T R W K D A E E
S G S S V R M F E B T C W
Z N P E H F R T C S S Y O
G I P K E A A E E A L C L
V W L I E R I A L A F A F
S S A R G H T R K S W E A
S A R E Y S K E D N O H R
```

AVIARY	PATHS
CAFE	PONDS
DOGS	ROSES
FENCE	SEATS
FLOWERS	SQUIRRELS
FRESH AIR	STATUE
GRASS	SWINGS
LAKE	TREES
LAWN	WALKING

```
F A I T H M U Q S J R S
O E M O A I B A Q I P D M
S A R B D E X O O Y P Y W
R I E D R L N I V A G B A
S L E Y I O C D G I G N S
B Z L G F N S I G Z T Y Z
H O J T F W A E N O R M N
L E R O Y R J N I H O R D
S G F A C G I N D L D U I
Q H K N X Q E E A S N G A
E R I I E T X S D V A A A
O V U L T R B X L C L Y E
L R O E Z A Y P E I O C E
S W E S I L A S C Y R I L
V R E M L E Z E A S D Z S
```

ABSALOM	FERDINAND
ALICE	GAVIN
AMBROSE	LEROY
ANTOINETTE	MABEL
BERYL	NERYS
CRAIG	ROLAND
CYRIL	SELINA
ELMER	SIEGFRIED
FAITH	SILAS

Famous Australians

```
Q I C W N Q I U H X A S L
S E I R H P M U H G W G L
P Z S M O I B F R O A G K
E A I Y G W T E L D Q I A
A U T I A M E L N Y D R T
R Y Y T N R O A A M N R T
C O L M E H L U A M M N O
E N X L G R D N B W A M G
D Y A N E G S U V R B X F
D E F H I K J O N A O P L
B A T U Q B T I N S H R E
B U V Q L X Z H M N T F H
S H V I W H Y S C O W A N
Z L L K E D F A J N A L N
L U W G O S L C E G V D B
```

CASH	HOLLOWS
COWAN	HUMPHRIES
CROWE	KELLY
DAVIES	KIDMAN
DUNSTAN	MABO
FLYNN	PATTERSON
GREER	PEARCE
HELFGOTT	SUTHERLAND
HOGAN	WHITLAM

Herbal Remedies

```
I Y R A M E S O R E W F Q
E O O G N E S N I G H L X
D E L I M O M A H C P J V
S E C D S O R W C U I W Z
L O T I R O Q F R U H F O
I Q R G R E E S F I A A S
S M O R Y E L G T A M L U
A O I E E A M E I M S O N
B S K I N L P R A N N V D
U O Y E N O N N U S K A E
O O R D P M D V I T S G W
P E P P E R M I N T E E O
X I Y V A L E R I A N A R
H Z R K T E L O I V N T K
K C E R R S E H Q S A N Y
```

BASIL	ROSEMARY
CHAMOMILE	SAFFRON
GINKGO	SENNA
GINSENG	SORREL
LOVAGE	SUNDEW
MANDRAKE	TURMERIC
ORRIS	VALERIAN
PEPPERMINT	VIOLET
PURSLANE	WHITE POPPY

"NEW" Starts

```
N A K N E W N L A T D I N
R E Z R Z E N E O L H D O
E A W X O N N E R L W N G
V W E N D Y E O E R D A C
A N L Y E A W D M E N L N
W E N A W W W E L V E A E
W W E T E E F G N I W E V
E G W N N D N O N R N Z A
N A L A E A W E R W E W H
E T I K F W W E D E S E W
W E N W R M B K N N S N E
L N E Z O G T O T W D T N
O N B O W E N N R K E J A
O E N A M W E N W N C N N
K W N E W F N E W T O W N
```

NEW DEAL	NEW WORLD
NEW DELHI	NEW YEAR
NEW FOREST	NEW YORK
NEW LINE	NEW ZEALAND
NEW LOOK	NEWBORN
NEW MOON	NEWFANGLED
NEW RIVER	NEWGATE
NEW TOWN	NEWHAVEN
NEW WAVE	NEWNESS

The Same

```
A E M A S F L E S A A S U
L U T L K D D N H I C N S
T A Q R E S E M B L I N G
E C N R A J Z Q A F L Y D
R R L E X P U R O H P R S
E T L G L I R R A O E E E
G W A N D I M E C R R N Q
O O C I I T M N T U V O U
Y O O H G L O I B N A L A
L F R C T B A E S I U C L
R A P T R O L I L C R O N
T K I A S E C E Q B A Q C
W I C M I G W M S S U F L
I N E M I R R O R E D O H
N D R Q D I T T O H Y D D
```

ALTER EGO	MIRRORED
CARBON COPY	PAIR
CLONE	RECIPROCAL
COUNTERPART	REPLICA
DITTO	RESEMBLING
DOUBLE	SELFSAME
EQUAL	TWIN
FACSIMILE	TWO OF A KIND
MATCHING	UNIFORM

"P" Words

```
P K I X G S R P R L O E P
N P S S O P P A E L L A O
P R D P O M L A S P N I A
P E D P O N N O R E G O P
E L L C E P G U P R P H O
R I P Y L O P P U A L C P
N M S M P R P I R M E N U
V I Y P I M P L E B A O L
A N C S P I X I E U S P A
O A H A O L P B T L U O R
F R E P B H H L P A R L I
P Y N E R L P A P T A A T
P R E A C H E R M O B N Y
M D S O L I P I T R L D G
E E A P U N I S H M E N T
```

PAELLA	PONCHO
PEOPLE	POPLIN
PERAMBULATOR	POPULARITY
PHRASE	PREACHER
PIMPLE	PRELIMINARY
PIXIE	PSALM
PLEASURABLE	PSYCHE
POLAND	PUNISHMENT
POLYP	PURPLE

Fish

```
D V K I I A C L O L D I Z
R T C M H S H E R V K E L
A X A P K N R B O R C D E
H R B R O Z X R J Y A L L
C G E L P R A A C M L P K
L D L H E S B B A M L R R
I S K N H A F E I Y O S A
P W C S N I R G A E P P H
E O I U R B O Q U G H S S
O R T L T D L F L P L M T
T D S R R S L I F A P E S
U F B U P I K E N X C Y O
O I P W R E T R A G Q Y H
R S G N I R R E H Y P D G
T H O R L D G K N S V B P
```

BARBEL	PILCHARD
BREAM	POLLACK
GARTER	PORBEAGLE
GHOST SHARK	SPRAT
GUPPY	SPURDOG
HERRING	STICKLEBACK
LING	SWORDFISH
PARR	TROUT
PIKE	TUNA

Train Ride

```
V T N S L E E P E R T I H
W N O N Z Y T H B A A S N
R H O Y E N R U O J O T G
R E E I W I N D O W S L E
M I S E T J T H I R N S S
T U O E L A J X Y T L R R
B L F I R S T C L A S S D
F A R E S V S S N N H L R
A N A H T C A G T I I S I
T S I R E O I T W A R G V
B I W N R S K Q I O E T E
J L E N G I N E O O Q S R
G R B Z N Z V D O W N Z Q
Y M C C Q E G A G G U L B
F O L J U S N S L I A R U
```

ARRIVAL	RESERVATION
DOORS	ROUTE
DRIVER	SCENERY
ENGINE	SEATS
FARES	SIGNALS
FIRST CLASS	SLEEPER
JOURNEY	STATION
LUGGAGE	WHEELS
RAILS	WINDOW

Religious Leaders

```
V Z R E Z T I E W H C S A
A R L L U Y G P S N S P A
L S E A B U R Y U J S L D
E E U R W X R M E E D O R
Y S S W E D E N B O R G E
L O U M O H A M M E D S R
S M I T H N S B B H N D A
R B T W O L S E Y W A E S
S U A S M L N K O G S O M
T D N R S E O R E I I P U
P D G B D S B R X R F Q S
A H I I T S V O A O P D R
U A C G X U G K O D N P T
L T T O S R A J G T X K I
L I F U D M E X D C H T D
```

BENEDICT	MOHAMMED
BOOTH	MOSES
BROWN	RUSSELL
BUDDHA	SCHWEITZER
ERASMUS	SEABURY
FOX	SMITH
IGNATIUS	ST PAUL
KNOX	SWEDENBORG
MAKARIOS	WOLSEY

Calm on the bosom of
thy God,
Fair spirit! rest
thee now!

Felicia Hemans

Endangered Species

```
W C T I A G O D H S U B R
L H T R K R E G I T N E O
L R L I E I R N I F T Y D
S K F N K T K P L A P A N
G X Q C E A A I E O S E O
R D A A E K I T K I J Y C
R E T T O E N I R A M A T
O O D E N A N N G N T A N
I R O R T A B U A Z E O O
Y C U N O T A L X S O P P
N H A M E R S O O V S A O
T I N R E T Y R I A F O N
G U S Z A L W Y S A T S F
L Q S P N G I X K N X E A
X A D D A S P R E T E O R
```

ADDAX	FOSSA
AKEKEE	GIANT ANTEATER
AKIKIKI	INCA TERN
ASPRETE	JAGUAR
AYE-AYE	LEMUR
BLOATER	MARINE OTTER
BUSH DOG	OKAPI
CONDOR	ORYX
FAIRY TERN	TIGER

Children

```
T K L S U B Y D L S E G E
O D R A L L B Z U A N H L
T A A H C D A L E I O T U
Y U G O O S B A R C G E E
N G A Y T K A P U H N B L
I H M V I B S R P I U L I
T T U D L F C S Q L O L N
N E F W F H P L H D Y A E
S R F O I D A T I A E L V
C C I N L S R D G W V T U
H H N A S I Y D C L H E J
T E S I B Q P O P M Y N R
I R E M M Z B U U T A T C
H U J O A P X X P T D J P
T B A I G Q L I Y R H W Z
```

BABY	PUPIL
BAIRN	RAGAMUFFIN
CHERUB	RASCAL
CHILD	SHAVER
DAUGHTER	TINY TOT
JUVENILE	URCHIN
KID	WEAN
LASSIE	YOUNG ONE
OFFSPRING	YOUTH

Mathematics

```
D N G X T V R N I N T H R
C R S J Q P N P M D H H R
E V I T A G E N D M T O S
X Z E H T S E M I T E I S
E M H B T F I C A X X A R
Q I P R U V L Q R T A S N
U N E L A C F A H C I E C
A U X S U T E W H O L E A
L S T O O S I L T D O D L
Y R T E M O N O G I R T C
J L E L E E J M N Z V C U
T H U E G R T O U A K H L
A N Q I J G Z D Q T L E U
N V H T F L E W T S M U S
Q I P O T L N J M N Y U I
```

CALCULUS   RATIONAL

CUBE   SIXTH

EQUAL   SUMS

HALF   TAN

MEAN   THIRD

MINUS   TIMES

NEGATIVE   TRIGONOMETRY

NINTH   TWELFTH

PLUS   WHOLE

Words Derived from Arabic

```
S F O E R P I U H C U E E
Y F I Y P Q Z T A P U S W
M I I O B I Q U B S R I G
E R I Y H I E Y S Y T A D
H A Y E T H T L A Q P E I
C T N R E T A M K C E H C
L N I O T N A M S I L A T
A P T N E S I Z I D V H S
L R R S E L I L E L A A A
L K R M E Z B M S R L I M
M A G A Z I N E E U O U L
L A C Q U E R M K H M N I
A L D C A X E I N M C O A
X L Y K G J A F Y P A N O
E D X N G B S P I N A C H
```

ALCHEMY	MAGAZINE
ARSENAL	MUMMY
CHECKMATE	MUSLIN
CHEMISTRY	SALUKI
GAUZE	SPINACH
HAREM	TALISMAN
HENNA	TARIFF
KASBAH	ZENITH
LACQUER	ZERO

Landlocked Countries

```
X M I Q W C M X H R H Y Z
A R K Q M R T A H W J S I
D L O Y U A I N L E O E Q
N Z V Y R W L H E A O C H
A E O B E G W I L P W S A
G W S J G Q Y O U X A I S
U B O J I D W Z F P B L A
Z A K B N P B P S R S S N
I B I E O K M H E T W Z M
Y M J N C T U S U B A B A
N I X W E N S H M T D N R
C Z W Q G M Q W C P A R I
S O T A G T R H A J Q N N
A I R T S U A A S N Q I O
E Y A V O D L O M F A V I
```

ARMENIA	MALAWI
AUSTRIA	MALI
BHUTAN	MOLDOVA
BOTSWANA	NEPAL
CHAD	NIGER
HUNGARY	SAN MARINO
KOSOVO	SERBIA
KYRGYZSTAN	UGANDA
LAOS	ZIMBABWE

"ARM" First

```
A R M E L A R M A P T U A
S G N I M R A A R E E A R
Z S A T A J B R M T M R M
A N E R A T A M L I R M W
R X E L M R I I E L A Y R
M R J C M E M P T A P C E
A N S Y I R D C M M P O S
D R A T A T A F H R E R T
A N M R N B S D O A A P L
T R M I C E G I R R I S I
E U M D G Z M M M O C R N
A R M U R E F A O R I E G
A R M A T U R E M A A D S
L L D O L M R A A R M R N
A R M L H Y A R M T A O M
```

ARM WRESTLING	ARMIGER
ARMADA	ARMING
ARMALITE	ARMISTICE
ARMAMENTS	ARMLESS
ARMATURE	ARMLET
ARMCHAIR	ARMPIT
ARMED FORCES	ARMURE
ARMET	ARMY ANT
ARMFUL	ARMY CORPS

Five-letter Words

```
L V D Y W P E R A X E H D
W E A E O O E Y C C S Y I
E N L P J K T K J G H M G
R U Q D O F L O S S Y Y X
N S S J I P W K W T H R D
E U R F F R N X A K X O K
F O N A B O B E G T R H I
S P O Y E G M L O C I M O
I E S A N F R F N K E U S
O R H O S I G O V G H N K
E A L L I V M M A N I C D
S E T A E T I H W N X H N
R A I A U A W A G J E H U
U D A V H E S E L A W Y D
N W E A R Y S T G R H A L
```

FIFTY	NABOB
FLOSS	NURSE
GROAN	OPERA
JOKER	VENUS
KIOSK	VILLA
LEAST	WAGON
MANIC	WALES
MEATY	WEARY
MUNCH	WHITE

Waterfalls

```
M K O A E Y J H K P J V E
S I L R J D O H S D Q N T
R H N Y S W M R H T W I X
Z B E N O I J I Z O X D M
E O V F E S G K R T B H B
O W O Z R H E B R U I F S
L G C L F B A M T I U F S
O L E O P O U H I S M H O
U A R Z C N W K A T T M F
P C O J O E M V O G E C L
E I O A R Q A W K L W K L
N E M V N H N O S T A W U
A R U V X G R H I N E H G
S Q Q G G R E L L K X O B
R E M L O T G L R I N K A
```

ANGEL	MINNEHAHA
BOW GLACIER	MOORE COVE
BROWNE	OLO'UPENA
FITZROY	RHINE
GULLFOSS	RINKA
HALOKU	TOLMER
HAVASU	WATSON
HIGH FORCE	WISHBONE
KRIMML	YOSEMITE

Bridges

```
K K N T S I N G M A Z U F
O S N I R I U O T T P K Y
Y F E A K J L P F G J N E
K P V R A W T N N P W X N
I G N H E E U A T J I O T
A R K V W V Y B I L Z B U
K O I H C C E V E T N O P
I L J P M D Y H L R C W S
H P A R A T A T K Y L X M
S H T U O M N O V A I Y F
A E X N P X T T M S F W H
K N L M U H I L L O T X M
A Y X X U D Y F R X O N L
K T S R P O R T M A N N T
R E W O T L H O W R A H N
```

AKASHI-KAIKYO	PONTE VECCHIO
AVONMOUTH	PORT MANN
BANPO	PUTNEY
CLIFTON	TATARA
FORTH	TOWER
HELIX	TSING MA
HOWRAH	TYNE
KHAJU	VERESK
KOTHUR	YANGPU

Things With Strings

```
F A X Y R N O O L L A B E
B Y Z U P L M G Z A K T Z
B T P E L D A K C B T Z T
G Q T E D P U R S E D R P
X I C G I U N V N L O O L
K I O A I Q I O Q P R N U
E N N K X F I Y P R G A M
U O F N B R T U C I N E B
N P A I A F S T D H I P B
I S U M D N G W A M H K O
L T P P A D J R X G S T B
O Y G E P F L R A T I U G
I O B D A E W E T H F Y L
V Y U S B P T C V J R G I
K O C A P R O N P R A H Q
```

APRON	KITE
BALLOON	LABEL
BEAN SUPPORT	MARIONETTE
CELLO	PIANO
FIDDLE	PLUMB BOB
FISHING ROD	PUPPET
GIFT TAG	PURSE
GUITAR	VIOLIN
HARP	YO-YO

Cakes

```
L E S T R G S E E F F O C
R E Y A L A O L H C D V K
Q Q M U P L A L E R T V M
B T L O K Z R T E W W L G
R L F C N E J G C L F R A
O A H U T S N Q Z W U M E
W J I S G I P I P B B Y A
N E A S G N C O N O N N T
I E P G I R I E N Z P O L
E D G F U N T D F G R O A
S N F N F T R E D R E R S
T U N L A W D N A E T A D
M D J B N R F C K J W C N
T I U R F H O K S E H A R
Z P S H S E N O C S M M C
```

BATTENBURG	LAYER
BROWNIES	LEMON SPONGE
CARROT	MACAROON
COFFEE	MUFFIN
DATE AND WALNUT	ORANGE
DUNDEE	RAISIN
EASTER	SCONES
FRUIT	WEDDING
GINGER	YULE LOG

Jewels and Trinkets

```
X E Y J Y O E E C L A S P
V S F V T L E X L F G O J
A N K L E T S M V G Y E I
P C H A I N T J A M N C A
E I H A D E H D T C O A R
A Q R O U Y W S G L B H B
R A X Q K J W C L G J N R
L L R M X E R A A C L I P
S O R H V O R C H A Y O E
T C Q S W E L S C C V H N
D K X N R T Q V S M N C D
G E C U F F L I N K H T A
R T D X E I O G W A X A N
W O U Y E A R D R O P W T
L G X C Q V Y M K N V R X
```

ANKLET	CROWN
BANGLE	CUFFLINK
CAMEO	EARDROP
CHAIN	LOCKET
CHARM	PEARLS
CHOKER	PENDANT
CLASP	TIARA
CLIP	TORQUE
COLLAR	WATCH

Machines

```
E V A W A Z U I Q Z F Y L
V P M Q T E X A Q G R Z Y
I E G X L E W Q N J U S S
C G I Z F X K I F V I N Y
O N N J V V C C W S T R A
E I E H H N J B I Y E A E
L T D X I Q C S R T I U G
I A I M W F Y A T V J N S
T L J O M L T O G H I N U
X U R K A I L N Y K N G T
E C R I L W I X L T N O T
T L D I B D T A P I L I L
G A M I N G W W W S M X J
C C F E H G W O T E P N C
H G V M T H R E S H I N G
```

CALCULATING	SLOT
DIALYSIS	TEXTILE
ENIGMA	THRESHING
FRUIT	TICKET
GAMING	TIME
LOTTERY	TURING
MILITARY	VENDING
MINCING	WALKING
ROWING	WAVE

Within you, there
is a stillness and a
sanctuary to which
you can retreat at any
time and be yourself.

Hermann Hesse

Associate

```
E T I N U Y C O N N E C T
C D I Z A L Z G O R X O Q
N O A C O L L E A G U E J
J C U Y N A P M O C I S C
Z Q M P Q S X F E B I U U
D Z N X L I A M T R S J D
F I Y L P E U X A N G W P
K R U B S H O U L D E R S
O K I D C A I C E F R M H
S I D E K I C K R E W M J
M D T K N H B O N O U M T
F A N H X D Q T L X V J V
M I N G L E R L C E K O Y
L B M O N A E B B K W R O
F H Z P P F Z E W I K L O
```

ALLY	LINK
CHUM	MATE
COLLEAGUE	MINGLE
COMPANY	PARTNER
CONNECT	RELATE
COUPLE	RUB SHOULDERS
FELLOW	SIDEKICK
FRIEND	UNITE
JOIN	YOKE

Help

```
L K R S F O Y F I T R O F
A C C O M M O D A T E H W
C A T G W W E Q X E P V P
T B N P A C A B Q A P Y Q
S X R B N L T E B W I H M
I I E A B Q P A Q O Z N S
S T V E L S A S B R O T S
S D A E D L P E J J R S A
A F D S J I Y O F E X V T
N O R R U L U A N U P D T
D S Z U G A V G R S N T S
C T Y N D H T C M O O D K
U E P S E H B O C G U R O
R R Z A E X C E Q X T N K
E Z L N X V S T V X T H D
```

ABET	FOSTER
ACCOMMODATE	FUND
ADVANCE	GUIDE
ASSIST	HEAL
BACK	NURSE
BOOST	RALLY AROUND
CURE	SECOND
EASE	SPONSOR
FORTIFY	STRENGTHEN

Cycling

```
F P N D L F L P X M J G P
S C B B S T L O B R Q V M
L G E R O T C E L F E R U
X L O L Q T O S T U N D P
L K Q C E T D E W B R S H
E K L N E V L B C K C O L
A D Q K N D E E M L Z I N
Y H S H J H R R L B I Q L
W A Q L C Z O A S D U P E
B H S N A J E K U L D R D
E I E E E D O O I G G A K
G R K E A L E G V W D V S
W O F Y L T H P Q C Z U N
I N N E R T U B E D K A M
T B E D S P T H L P F B B
```

BASKET	NUTS
BELL	PEDALS
BOLTS	PUMP
COGS	REFLECTOR
INNER TUBE	SADDLE
LEVERS	SEAT
LIGHTS	TOE CLIP
LOCK	WHEEL
MUDGUARD	WRENCH

"HALF..."

```
V R O E U W M C T E I J U
N T S A M Z X Y I R Z Q J
V D X N O W Y S U U J M P
E E U X O E C A P S C I S
N T D H O S J R K A M A S
P T T Z B V L I F E Y N T
R I U E L I M E L M O H O
N W R N E Z O D N I W A N
X M M E F S R J T G A R E
I B A T H C X A P A N D G
I H I T O T R J O L A Y W
F M V C D M O S V L F Q D
E Y K O M O N R Y O R J Z
W E F X A O B G B N S B C
D O I T A N H O U R N H D
```

BATH	MEASURE
BROTHER	MILE
COCKED	MOON
DOZEN	NELSON
GALLON	RATIONS
HARDY	SPACE
HOUR	TIME
LIFE	TONE
MAST	WITTED

Russia

```
M E S V W W H Z X P B X A
K D F A J V O N D R A L G
I R K U T S K C V E U G R
M U R M A N S K S S V D U
K U T X D J W E N O W W B
S A G L O V T I Q U M T S
N J N E D I N N I O R R R
E E F J H E N D J L O R E
L L V W P T E G K S N T T
O H K A M C H A T K A H E
M I L Q Y G R O B Y V E P
S O N A H A V P D N O D T
K O U X S Y U L A D Z U S
A I R E B I S Z W X F M L
V T A L A K E B A I K A L
```

IRKUTSK	SMOLENSK
KAMCHATKA	ST PETERSBURG
KARA SEA	SUZDAL
KOLA PENINSULA	THE DUMA
LAKE BAIKAL	THE GUM
MOSCOW	VOLGA
MURMANSK	VYBORG
ROSTOV	WHITE SEA
SIBERIA	YAUZA

Ending "EX"

```
X X E P A S R O X S G C X
V O R T E X I E N W O A X
X G O C A U B M F M J P L
O O E X H I X L P L O Y N
Q O M Z E U X L X L E N X
U G C U G S E E L M E X E
A O Z I R X I E L G V X L
D L D K R E X N K P M T F
R P R U D C X R U U I L O
U L X E P S U A X X J R R
P E F L C L A M E Y T J T
L X X A R N E Z F E X U E
E Y X T N P I X Z L R O R
X A I E C H L B H T E A I
X F X X K A E X J E A X X
```

ANNEX	MUREX
APEX	POLLEX
AUSPEX	QUADRUPLEX
CIRCUMFLEX	REFLEX
COMPLEX	RETROFLEX
DUPLEX	SIMPLEX
GOOGOLPLEX	TRIPLEX
IBEX	UNISEX
LATEX	VORTEX

Made of Glass

```
X I O T T E W D T N N Y E
L W R E F N E P H A A R T
B T V L N P S C S R E O T
G O A B E A D S T Z L R E
B S T N X R P H B U B R P
K O Y T C B S W P Q R I I
J B W P L A R N O L A M P
Y G V L Z E F U N D M N L
V L I G H T B U L B N E R
S P E C T A C L E S N I I
N N T R O T A L U S N I W
N I N H O J I M E D V A Z
P Z Y I I C U S M H A K J
E B U T T S E T R W S D Z
G V K B U G T T B U E G V
```

ASHTRAY	LIGHT BULB
BEADS	MARBLE
BOTTLE	MIRROR
BOWL	PIPETTE
DEMIJOHN	PITCHER
FLASK	SPECTACLES
INSULATOR	TEST TUBE
LAMP	VASE
LENSES	WINDOW PANE

Civil

```
R E F I N E D X W Q C S S
C N D A N Q E E Q I F U E
O A W I F X L V T Z O O L
M B G B X L O A A I E E R
P R P R B R M B C U E T E
L U S R E O M A E T S R S
A P E L L E R S N W P U P
I D D P G G A E Y B O O E
S Q I H P J G B Y B Y C C
A D O A S O G A L L A N T
N S L A D Y L I K E F D F
T I B E O Q G I A C P E U
W C U L T I V A T E D P L
A L A I N E G S J E J T R
B B P G L U F I T U D K P
```

AGREEABLE	GRACIOUS
COMPLAISANT	LADYLIKE
COURTEOUS	OBLIGING
CULTIVATED	POLITE
DIPLOMATIC	REFINED
DUTIFUL	RESPECTFUL
GALLANT	SUAVE
GENIAL	URBANE
GENTEEL	WELL-BRED

"E" Before "I"

```
Y Z I N B I E L F K L T I
U S L E I N V E I G H T S
C Z F T O E F H I Q E E S
S O A H W G L O C O I R I
Q E U H G A N L M V F N E
H U I N H V G B I W E I W
T Q J S T L I E B V R E L
Z I I B M E E I E W I M E
K E E A V I R N A R K W D
G E P B S T C F D Q G O E
K G U K W M S H E I K H I
F K E L N O U E J I J C L
J I J Y Z T H E I C T D P
N A T H E I S T S N C X J
B D G T C V R K G L E G C
```

ATHEIST	LEIBNIZ
CHOW MEIN	LEITMOTIV
COUNTERFEIT	REIGN
EDELWEISS	SEINE
GEISHA	SEISMIC
HEIFER	SHEIKH
HOLBEIN	SKEIN
HOWBEIT	VILLEIN
INVEIGH	WEIRD

Tools

```
M L E P L A C S Y O X J I
A R Q N K A U J I G S A W
F J D R A L L G K F C R U
S H A V E R E K E J T O R
R R R B V F W O Y R I T G
E C E E A O O G H F L A Y
T K F P L T R M O K M T J
T E R D A L T L L U E O T
U Y F N T R O K E I G R E
C H C N U P C R S S C E L
E H W K P F W S A A L U M
R H I E D A X T W L D M I
I X R S W P Z U I S U Z G
W S C R E W D R I V E R E
M W X Y R L D X P S D W G
```

ADZE	PUNCH
AUGER	ROLLER
CHISEL	ROTATOR
DRILL	SCALPEL
GIMLET	SCRAPER
GOUGE	SCREWDRIVER
JIGSAW	SHAVER
KEYHOLE SAW	TROWEL
LOPPERS	WIRE CUTTERS

Coins

```
S B E Z A N T G I S Z W J
U Y U F J E Y Z R X G W L
K O K O Z C N K F O E I Z
S S E T A R P I D N A D U
N Z T H A L E R U E Z T S
O E O G E V R G I G M E L
O J W G Y N N E P R S I Y
L M N E N I E S E E T R D
B A M D L I R Z A A A D G
U I O L U L H A Q T T F V
O M I N B C Z T L T E R K
D H D R G Y A D R L R M Y
S A O G U W B T A A O M C
R C R O W N L E I A F D K
L I E L M L R N B F D V V
```

ANGEL	GROAT
BEZANT	GUINEA
CROWN	MOIDORE
DANDIPRAT	PENNY
DIME	REAL
DOLLAR	SHILLING
DOUBLOON	SOU
DUCAT	STATER
FARTHING	THALER

Bills

```
K J C T K N F Y L J Q E I
P R J J O B R A G N P U H
C V E S U W N C R E I K P
S F Y U A O Y N A M Y W R
C R E L T M D H H E E Z E
B Y Q X A Z N T A K G R D
N S A L K C M N M O T U A
B P L E O J D A L I S R H
Z E K D N E D D N E I E S
B G Y D R B B W D N U H B
W C B S I E Q J Z G Q A I
K J O X R W Y H G I N M G
Z N B G I D G H M I H H M
U Y M K C I H C I L E B I
M C S W Z V P A X N R F P
```

ANDERSON	HADER
BELICHICK	KREUTZMANN
BELLAMY	LAWRY
BIXBY	MAHER
BRYSON	NIGHY
CODY	NYE
FARMER	PAXTON
GOLDBERG	REHNQUIST
GRAHAM	WYMAN

"A" Words

```
A M S H O A U A D U E P A
R O A S T R I N G E N T I
T I P N D A S M A B O U T
S X P P A E Y N L N N W C
I A L O L A M K M E N O G
D T Y K D R R J C B S U U
I R N A G L A N P A F S L
P A A P C E A Y C N E G A
S S A A R D V A R K N P F
A P G A N A G A A A A M Y
H E A E T H R F R R A A I
V C T D C R I I A A N B Y
A T T I R E I G A U D R J
A R P I O A C U P B A M M
N O I T A T N E M G U A A
```

AARDVARK	ARMY
ABOUT	ASPECT
AGENCY	ASPIDISTRA
AIMLESS	ASTRINGENT
AITCH	ATRIUM
ANKARA	ATTENDANCE
ANKLES	ATTIRE
ANNUL	AUGMENTATION
APPLY	AXIOM

Set peace of mind
as your highest
goal, and organize
your life around it.

Brian Tracy

```
X H T B T B M N W Y B Z B
E C T U N L E Z A H G T U
L T V A A Y U C B J V N B
P O S L A Z R A V T Q I B
P C I L Y P N R G U O M L
A S O I G A R T E N I R E
E R W N N P O I U H H E G
N E G A I F L N C N C P U
I T R V F C C O O O A P M
P T E E F Y C M M M T E V
E U E P D E E U U T S P P
A B N I L L E P P Z I K B
C T T M S N I S U P P E A
H F E N A R Q K S X A L U
Z O A M A R Z I P A N C G
```

APRICOT	MARZIPAN
BANANA	PEACH
BUBBLEGUM	PEANUT
BUTTERSCOTCH	PEPPERMINT
CAPPUCCINO	PINEAPPLE
CHERRY	PISTACHIO
GREEN TEA	SPUMONI
HAZELNUT	TOFFEE
LEMON	VANILLA

Fundraising

```
B T I B V M Z E F S B L A
S N H T A Y D P L R U B O
N U S J I K T F C F S E D
O H V X V X E O W E F S I
I E L W A R N S I Y P A S
T R Y R A C C L A O U W R
C U E A E Y I I N L I Z E
U S Z R J N T S N M E C N
A A T E G J O I M C N B O
B E Y K D R Q I R E I C H
B R H O A F N O L A S P T
I T F A Z G N I K I H V A
N B K R I U S A D S F C R
G E K A D O G S H O W C A
O S W K U J O S A E A S M
```

ABSEILING	HIKING
AUCTION	KARAOKE
BAKE SALE	MARATHON
BAZAAR	PICNIC
BINGO	RAFFLE
CHARITY	SILENCE
CONCERT	SPONSOR
DISCO	SWIMMING
DOG SHOW	TREASURE HUNT

Sailing

```
H N N Y U W V Q M Y V G U
U T M T F A T M K H F R M
L N R T I R L E O B X H T
L C T E K C A J E F I L U
P E K J B W K H Y C Y U B
H S Y C K C Y R W A C F S
M M X N R J H E Y T W F H
A T C N V O F I M A C I A
S A A A F L H A Y M P N A
T K C E R W E C V A I G T
I A O O Y B S S N R R J Q
D D O D J A N L A A N P D
E G F L A G U M I N G F S
S I H A F W L Q W A Q D D
M F H V B B W F S X S L R
```

ANCHOR	LUFFING
BEAM	MARINA
BERTH	MAST
CATAMARAN	QUAY
FLAG	SAILS
FLOAT	SPRAY
HULL	TIDES
JETTY	WHARF
LIFE JACKET	WRECK

Abide With Me

```
E O H G A R X D N E T T A
A F F M W A A H S V S N K
S Z O W A E P A T D D O I
T E I O I B D H E X O X Y
E C T U T Y E U Z R D P T
A B L T H H N N B W H S M
D I I X L I O A E Z A U X
F P V W T E U L O L S S S
A F E N S A L J D B F T O
S Z O R T F C S Y P V A F
T C N E A R W C V Y Y I S
Z T L S Y F I X E R F N B
A F Q T E T C W R P L T L
G E R U D N E A O G T A U
R O F D N A T S V L L H O
```

ACCEPT	LAST
ATTEND	LIVE ON
AWAIT	REST
BEAR	SETTLE
BROOK	STAND FOR
CONTINUE	STAY
DWELL	STEADFAST
ENDURE	SUSTAIN
FOOTHOLD	TARRY

People's Titles

```
E H L F O B N I T R H D T
N X L E L A R I M D A W A
I N S F T L I Z X K J S G
E I I L V R X P L L U W T
L M U A E W I U H A R Q U
U S P H T H S K S N Z A R
A V T E S P I V N S N J E
R A Z Y R E A E F N I Z L
F H D A H O E C L L X M I
I A S S Z U R Z I U S Q L
L A K R Q R E T S I M I W
R E D N A M M O C T Y B U
M A H A R A J A H H S B J
K A I S E R C Q Y Y W A Z
V H H P O H S I B H C R A
```

ADMIRAL	LADYSHIP
ARCHBISHOP	MAHARAJAH
CAPTAIN	MISS
COMMANDER	MISTER
EARL	QUEEN
EMPEROR	RABBI
FATHER	SHEIKH
FRAULEIN	SULTAN
KAISER	TSAR

Fashion Designers

```
C N I T U O B U O L M Z Q
F K P J R R C T F M U N D
R N P I M E O D N Y I J L
D E C R M N H G G A R E E
A C N L A R X G N F U H O
I J H Y A D O H A N O Q X
S Q F G A R A I A L V C D
E E B W U R K M D A L I E
R P D W T A E F L N O A V
S F U N J J I E I E X O G
S E E L J E N D L L E J R
A L K Q L T R L B N F C O
L O I D I A I P E Y H M U
B M U N C S S E F O K R M
E F O R B Z B B O W T L B
```

BEENE	HARTNELL
BLASS	LOUBOUTIN
CARDIN	MUIR
CHOO	OLDFIELD
CLARK	PRADA
DIOR	QUANT
ELLIS	RAYNER
EMANUEL	RICCI
GALLAGHER	VALENTINO

Robin Hood

```
R V L H B T V G R O Y F K
N U T V N E U S J Z O R H
E Y S I R G U Y Y R Q W D
M V G L U R L E E V A W E
Y T E L R A C S L L I W D
R Q J I C T T O T Y L P W
R X Z R I L S U T T D W I
E K I N G J O H N I Q M N
M H S T H G I N K L W X S
B A L I D N L E G I U D T
J A R E C O O S L B R T O
N F L R X U E D A O O O W
S P X L O X B T W N Q W E
I X E N A W O S X Z G S P
F Y W T H D S H E R I F F
```

ARROWS	MYTH
BALLAD	NOBILITY
EDWINSTOWE	OUTLAW
FOREST	SHERIFF
KING JOHN	SIR GUY
KNIGHTS	SWORDS
LONGBOW	TARGET
LOXLEY	TAXES
MERRY MEN	WILL SCARLET

Calendar

```
R E B M E T P E S S P N C
H D F A A D T R A V E B E
E A Y M J Y E M T W I M Z
H A T F H B T S Y F D N F
B Q S U O S O E W D Y A F
R J S T I C A W N A M I S
O S C R E R J E D P O L H
M O H T F R K S P I H U T
A C N D D E E D I M H J N
N E H N E N B S A O I H O
P W R W D X W R A N G F M
J Y G E E Y C P U D I X B
X U W Z N H K F L A H D W
C C L D U J R Z Y Y R R K
Z N M Y J H O L I D A Y A
```

CHRISTMAS	MONDAY
EASTER	MONTHS
FEBRUARY	NEW YEAR
HOLIDAY	OCTOBER
JULIAN	PENTECOST
JULY	ROMAN
JUNE	SEPTEMBER
MARCH	WEDNESDAY
MAY	WEEKEND

Safari Park

```
W Q N U J R N V C R J B S
Y N E D R A W N E J N B E
E F G I M U T I L E H D E
H C I R T S O R Z L N G Z
A O S E D I U G A A R J N
B N S S O B G R L E C R A
I S Z L V M U E C A A B P
T E N T A T O F R N U U M
A R L P A M R N G S U F I
T V L N F K I E K H Z F H
V A A I O V R N P E T A C
I T M M O O A E A Z Y L Q
A I A R Q N B L E P X O X
W O E A X P S A N M Y R M
U N S E U F C M B I J B L
```

ANIMALS	LIONS
BABOON	LLAMA
BUFFALO	MEERKAT
CARNIVORE	MONKEY
CHIMPANZEES	NATURAL
CONSERVATION	OSTRICH
ELAND	RANGER
GUIDES	TIGERS
HABITAT	WARDEN

Lakes

```
S H Z Y C Q C L I Z S G U
U K E R E M R E D N I W H
P P P L N H W T F C M R Q
I U H Y N U Z D U L E W S
E R Y E E R K Y E T O I T
P W N I N O A E A S S K A
P A V O I N S R P S O R K
U Z A H L M C R J Z A C I
E X M R E F E B A L H Y Y
J H E I I S Z E S E U Y N
R K H D P E U E Y R O A A
I C I A C I A L E R W P G
Z A S V D R A W D E B T N
M D J K U E R Z U F O Z A
E V A L S T A E R G B V T
```

ARAL SEA	KIVU
CHIEMSEE	NYASA
CRATER	OHRID
EDWARD	PEIPUS
ERIE	PIELINEN
EYRE	PRESPA
GREAT SLAVE	RWERU
HURON	TANGANYIKA
IHEMA	WINDERMERE

Harvest Time

```
T H E C T I U R F M A K A
J C Z N K Z V N A B R O M
T U R W S Y D S N O I N O
N H T O L J A L W V J H N
G R Q Q P V O M B V I I G
N W H G T S A W P U A B C
I V A T J E U R V R O E A
K A Q G T E E S G O C O B
A A Y R N S C B H Y T X B
M U Y P E I E L I E R L A
Y E Q R O Z N E T N A T G
A G V Z G D L E H Y I F E
H E H G I D S U P V L A S
S H A R E V S P H I E R W
Y Q L Z W K E E U U R C K
```

BEET	PRESERVES
CABBAGES	RIPENING
CROPS	RYE
FRUIT	SHARE
GRAIN	SHEAF
HAYMAKING	TEAMWORK
HUSK	TRAILER
ONIONS	WAIN
PODS	YIELD

Garden Creatures

```
G E N R C W K B O A B W W
L T B Z V S A T H R I P E
A H W L M M K S H U I S K
R R J X A D H Z P T U C M
I U V S O C L Z D O A Y R
M S K O L R K I M B L G O
D H V T F U H B B F Z U W
A F E E X P G A E M N B H
D O F N A G G N J E Y D T
E D U R L E A Q R A T W R
R Q I O W R L W K L E L A
I O N H C U L N I Y G K E
I I I S A W F L Y B N E Y
O T I L P U L D E U A P F
E L O M O L Y U C G T W X
```

APHID	MOLE
BLACK BEETLE	MOUSE
CABBAGE WHITE	RED ADMIRAL
CRANE FLY	SAWFLY
EARTHWORM	SLUG
GALLFLY	THRIP
GNAT	THRUSH
HORNET	WASP
MEALY BUG	WREN

"TIGHT" Spot

```
K R W S H J A L N P R V P
S E C U R I T Y H I K I M
O K B H Q R W U X H I I A
S S X T X S G I P D Z Z X
Y I P P C M N O G N A H L
G M T Q E I P D Q B N E Y
S Y O T A W N E G U O E H
B P G N I M Q P S D N E S
M I Z C E N Q P N G V K K
V H J B O Y G I I E S M W
A S A D R U M L Y T V K S
Q C W S B A R R E L S P D
K C N K C I T A S A H A R
T T V I W Y G Y C J W A E
A H Q N C K U K M V B L N
```

AIR	HEAD
AS A DRUM	HUG-ME
AS A TICK	LIPPED
BACK	MONEY
BARREL	SECURITY
BUDGET	SHIP
CASK	SITTING
ENDS	SKIN
HANG ON	WAD

The greatest weapon
against stress is our
ability to choose one
thought over another.

William James

"C" Words

```
C E L C N U B R A C L O C
K A L U C L H Y E C C H O
E C V Z C O C E I B O R C
V I C E K J E G L K M R M
I E R B A I K A O T O A V
T U N A T T E C C S R C
A Q E M D A S I U N E A S
R I S N C N C S S U E B C
A L O D A N E Y N R F W W
P C H X S I O L P J F O C
M Q C E Q C L P A O O R N
O P K M O N A I S C C C S
C A C G A I M U V X R D E
C V W S C C J E L I A H C
Y R T I U C R I C K C H C
```

CAGEY	CINCINNATI
CAKES	CIRCUITRY
CALENDAR	CIVILIAN
CAMBER	CLIQUE
CARBUNCLE	COFFEE
CASTLE	COMPARATIVE
CAULK	COPYCAT
CAVEAT	CROCUS
CHOSEN	CROWBAR

```
S E D N A S R E P M A P O
P U T W G N J H H W Y K E
K R A M N O I T S E U Q H
B O R A M K D S N X E L N
E A C C E N T U L U J B A
H I F R H B K N R M R H H
P V A O S S T I L M F R T
O G M N I T I M G K M A E
R Z D L I A N M S P K L R
T P E L P O M I E Z S L O
S B D D L D R V Q C N O M
O E J O N E G K U H A D C
P U C X T U U S A A I R B
A C O S A C O R L S X L B
I Q A R R O W P S H J C G
```

ACCENT	EURO
AMPERSAND	HASH
APOSTROPHE	MACRON
ARROW	MINUS
ASTERISK	MORE THAN
BRACE	OBELISK
COLON	POUND
DOLLAR	QUESTION MARK
EQUALS	TILDE

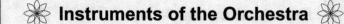

```
L I T D K K M E O T K Q W
T E J E O W T V E A T J E
E D I O N U R I L M K W N
N P D P L I B O E T J P O
R X I F S X R L C A T I H
O T Z C W N Y A E M R A P
C E W C C R E T L B I N O
M D Y U E O S K R C A O X
G U I T A R L C C S N S A
Q E O B O X Y O J O G V S
C X Q L G M B O L H L F C
E E R T B K G T H U E G F
C R L A U E B V I M H Q J
Y S L L E B R A L U B U T
C S W A O U A E X Z P Z V
```

CELLO	OBOE
CLARINET	PIANO
CORNET	PICCOLO
CYMBALS	SAXOPHONE
DOUBLE BASS	TAM-TAM
FLUTE	TRIANGLE
GLOCKENSPIEL	TUBA
GUITAR	TUBULAR BELLS
LYRE	VIOLA

"CAN" and "TIN"

```
L R L E C N A C C Z C X Z
A T I N C H E L A A A R T
N C N I T G T F N R N E S
A A O C E N N I I T I D E
C N L E A R A D N R S N I
A V L R O N T C Q K T I N
N E E H E C D O T D E T I
N Y N T N L A I P I R R T
I I N I A F I N D N N A C
T S A N C J Q B Y Y I A B
Y L C A N O P Y A O M T N
R A L U B A N N I T N I T
N N V N G I I K R U N F V
I D A M T T I N G E E A E
T C L E S N I T N A C Z C
```

CANAL	TINCHEL
CANCEL	TINDER
CANDID	TINGE
CANISTER	TINHORN
CANNELLONI	TINIEST
CANOPY	TINKER
CANTABILE	TINPOT
CANVEY ISLAND	TINSEL
CANYON	TINTINNABULAR

Coffee

```
Q X A N A V Z M S R H B K
O I I K D B X L J I A W T
N E C N E S S E H O U S E
O G M T D S J K Y N B I N
G C T N G I W Q D C L E M
F A A H E B A E O W U T R
L R R B Z K Q L B W E I O
G O A A E B O B M D M H B
Y M B F J M B V E X O W U
S A I K B A C C I A U D S
U K C I R Q I C A P N X T
J I A I I T R C V L T S A
W O S D X E C K A Z A A F
Q T C W M A B H J T I W X
A A C A B J C F B H N F H
```

ARABICA	HOUSE
AROMA	ICED
BARISTA	INDIA
BEANS	JAR
BLUE MOUNTAIN	JAVA
BODY	LATTE
COLOMBIA	NOIR
CREMA	ROBUSTA
ESSENCE	WHITE

Furnishings

```
K F V L R I H T A V Q R D
G Q L X N M X U G F M E B
A I F E L E J F V B O S I
T T S E H C V D R J C S T
E A C A L S A O T E D E O
L F L E U I K E M R R R T
E Z O O U M P O E X A D T
G J C G O R K V O D P S O
T A K G A T R Z X B E W M
A G T C H A S K P L S H A
B O H O C Y Y S C I Z A N
L O E T S C R E E N A T H
E Q I E V G V D T A C N W
I B A E B O R D R A W O O
E D O M M O C F Y B J T Q
```

BOOKSHELF	GATELEG TABLE
CARPET	OTTOMAN
CARVER	OVEN
CHEST	PIANO
CLOCK	SCREEN
COMMODE	SOFA
DESK	STOOL
DRAPES	WARDROBE
DRESSER	WHATNOT

Wind and Brass Instruments

```
E O T E L O E G A L F T A
W I I G N N I B L L U E D
F B E L N O C L U B L R H
S S T T C J B G A G F A P
K E D R U O E M U D P F G
O A P A U L R B O B O E I
T C Z I H M F N B R U I J
O Q A O P H P A E P T Y V
T L R R O G S E H T M M Y
B N O Z I S A O T A W O V
E V W C O N N B S A B F E
L C Y O C I A H H T C I N
K B N D U I I S U K B F I
N T K M G N P A K T M E Q
N L W A I J H U P F G B I
```

BAGPIPES	HAUTBOY
BASSOON	KAZOO
BUGLE	OBOE
CORNET	OCARINA
EUPHONIUM	PICCOLO
FIFE	SHAWM
FLAGEOLET	TROMBONE
FLUGELHORN	TRUMPET
FLUTE	TUBA

Face

```
D E N O B K E E H C S K L
G A X O L U F S U Q K F R
E M Y M U D J Z M T J F X
N Z O C S I Z I W I B O E
O Q L U H U V Y Y L L R J
I R N N T I F C O E Z E W
S V N W Y H N C N A Z H Y
S K E D O G S X O W L E E
E P I G P R R T S E L A W
R M I N A V F G T M R D M
P M U L O S P N R S F X S
X U W S P S I X I Z J E C
E I Y X C U E V L D Y E O
M C O Q Q L A Q S E H U W
M J M S P S E F I J E Y L
```

BLUSH	MOUTH
CHEEKBONE	MUSCLE
CHIN	NOSE
EARS	NOSTRIL
EXPRESSION	SCOWL
EYES	SKIN
FOREHEAD	SMILE
FROWN	SQUINT
LIPS	VISAGE

```
T O S E Q O A U U J O V R
L R B I I B R A S S T R A
E U G Z D D O G L X P A T
Y D A W F E E R X S P J S
B T A E V A S E U Q D O B
B C O R R X I I C W C A T
Q I F X G L Q O C L Z Y A
T S T F U N A C V C L S P
M F H S F T I H L C Z R C
N C E Y O D U L C A I C H
L M R O I M G U L O S K G
D H A S O I L F R I R S D
B A N A N A X I I A B W A
X T G V D G T T U R V L Q
E O E H Y Y P Q Y S S E L
```

BANANA	HAT
BILLING	LESS
BRASS	MOST
CAT	OF THE RANGE
CLASS	PRIORITY
COAT	QUARK
DOG	SIDE
GEAR	SOIL
GRADE	STAR

Grasses

```
F N M U H G R O S C F C Q
T E C Q O T E D W T A U V
E X S A J U L D G N A D M
L D K C A R C U E K E O X
L F J M U P G F I Q S F G
I L A N R E V N H C U A E
M O Y I O V G Q W H E R T
N L I A T S G O D W S J V
J C Y A K W M O O R P Y S
T D E A U Z I K E N A U K
P H A U N T Z T E Y R E J
W B R O M E O Q C Y T O B
C G P T R F D Q P H O M C
R R D Y B W F A E M A N Q
X S A P M A P J M A I Z E
```

BEARD	MOOR
BROME	OATS
CANE	PAMPAS
CORN	PAPYRUS
DOG'S TAIL	QUAKING
ESPARTO	SORGHUM
FESCUE	TWITCH
MAIZE	VERNAL
MILLET	WHEAT

```
B Q A R E M A C V M H L V
A L A R M C L O C K N L B
C D O T G T L S L A J E H
O O T U D Q R U G B C B C
V D N R S V A I S H I R T
E U S T B E D X G E C O A
R N B L R R I P N A C O W
C G I D A O O B L O M D P
O A J C M Y L C M A E Q O
A R X S V E U P J O Y T T
T E Y S N L U Z A U F E S
N E H D A T O A E D P K R
L S E T E G W Q W O E C U
K R O R X O B E K U J A K
M R A L A E R I F X D J I
```

ALARM CLOCK	DUNGAREES
BLENDER	DVD PLAYER
BLOUSE	FIRE ALARM
CALCULATOR	JACKET
CAMERA	JUKEBOX
CARDIGAN	OVERCOAT
COMPUTER	RADIO
CONTROL PAD	SHIRT
DOORBELL	STOPWATCH

Northern Ireland

```
Y M J N S U R O C E T G M
J R W O T A W H S O R H L
C O W W R M G H T U A Y K
D X C E A A R S R E W V W
K U V U N I I I O G E C I
E I N A G S Z L P R T L H
A K R L F U V G S W S A S
D C E H O L G E M L T U E
Y Y N J R Y T O O L N D L
S S E R D R A Y O D U Y O
Y P A Q L E E N R U O M H
O L F V O N Z V G O M Z D
L I S B U R N F K Y N A N
V Q U H G A M O N R K E A
G N K K H L Z W C Z J Y S
```

ARDRESS	LISBURN
CLAUDY	MOUNT STEWART
CRANAGH	MOURNE
DOWN	NEWRY
DUNLOY	OMAGH
EGLISH	SANDHOLES
GROOMSPORT	SHRIGLEY
KEADY	STRANGFORD LOUGH
LARNE	TYRONE

Moon Craters

```
O Z D A T Y X A B H D A V
K M G A O E Z S N C E Q B
B E A B D L X E N M S P H
V L P R T L N T R A R B C
K O S O K A V E L O O Y S
K H Q E T H I O N T M R R
Q E W R L S A R T O I J F
W A I A S E E Y M I B F E
N V C E D L T D Y A T E U
Z I M M P A A O C A C B L
Q S R P M N M D T Z M H E
B I O D T K I S R S O C R
O D C E L S I U S E I N I
H E K D N A P M W D D R X
R R P K I G O X U E U T A
```

ADAMS	HEAVISIDE
ALDRIN	MACH
ARISTOTELES	MESSIER
BOHR	MORSE
CELSIUS	NOBEL
DANTE	OMAR KHAYYAM
DOPPLER	TITOV
EULER	VEGA
HALLEY	VIRTANEN

The day she let go of
the things that were
weighing her down,
was the day she began
to shine the brightest.

Katrina Mayer

Ladders

```
H Y P E T S E J R Q T E H
O Q E I F F B T A A Q L V
X X W K J O C G R C E A S
C J T S N E H C T I K C S
N N D O B O O L V Z E S T
R L R E L K M O E P B R I
H O G E Q I S W C H G X L
R M U L T I P U R P O S E
L O F T D S G R R E K O Q
J L O E A A N F O H H K
A F M T V T V Z I J P S V
C E V B L F E K Y D Z E F
O H S I L F O D N A L C R
B J N L A Q F O L D K O S
S E Y L M X C M R U Z U F
```

ETRIER	PILOT
FOLDING	RATLINE
HOOK	ROOF
JACK	ROPE
JACOB'S	SCALE
KITCHEN	SIDE
LOFT	STEP
MONKEY	STERN
MULTIPURPOSE	STILE

Fruits

```
I E Y I S M W X Y Y E K X
Y T A M A R I N D O O V D
R N I U I U W P C P L N S
R P R U N E N I J Z S A A
E O R A R O S E H I P J T
B R K M M F E X A M T M S
E A C E P E N P B P Q F U
S N L Q K Q F O S Z P P M
O G R A P E Q M I O O L A
O E L U S J Q E M S M U E
G P J Z B L S L Z P S M C
M B E C L O F O T D G A G
T E A A F I E X A I X Z P
N S L Z R O M T F Q P X T
A B P J L O E E I A C N J
```

AKEE	PASSION FRUIT
APPLE	PEAR
DATE	PLUM
FIG	POMELO
GOOSEBERRY	PRUNE
GRAPE	ROSEHIP
LEMON	SATSUMA
LIME	SLOE
ORANGE	TAMARIND

Saving Money

```
G W G G Z Y M N M T Q L G
J N S N N J F A Q B J V S
V B I N I I G N R N A X S
E Q U W O N D H I K U R D
D R K L E P R N H A E R B
S R A G K S U A E G Z T Q
T I E H S B U O D M G P G
N V H S S M U O C T N E N
U C O E S R L Y X F I L I
O O L U F M A I I O L C T
C A F S C H A C B N G Y T
S T F F W H U K I R G C I
I A G B E A E R I C A E N
D Z L Z H R P R G N H R K
Q O B O N R S S U G I Y
```

BULK BUYING	LODGERS
CAR SHARE	MARKET
COUPONS	MENDING
DARNING	OFFERS
DISCOUNTS	RECYCLE
DRESSMAKING	SALES
HAGGLING	SEWING
KNITTING	SWAPS
LIBRARY	VOUCHERS

Famous Buildings and Monuments

```
N O T R E M A D E R T O N
R P Y R A M I D S A H N B
E X E L C C O D R H I C M
W F L A T I R O N L U U E
O P M H I U G O M P E S T
T Q G A X X G E P S U H C
O U A M R U R A S O E Y I
A T A J Z K L O H S L O T
M L H A L H L E H U K I Y
N L O T A O T A Y X I X S
I X A M C I R M S U N Y P
J G B K H D Y E K C K E I
B R V W I S U A H U A B R
A R U E Y T Q W E G K L E
K Y D O O W E M O H U X A
```

ACROPOLIS	KREMLIN
ALHAMBRA	LA SCALA
BAUHAUS	NOTRE DAME
CITYSPIRE	PYRAMIDS
COLOSSEUM	TAJ MAHAL
FLATIRON	THE SHARD
HOMEWOOD	TIKAL
JIN MAO TOWER	UXMAL
KINKAKU	WHITE HOUSE

Salad

```
S K C L G N I S S E R D I
S X A H F L C R O U T O N
C P R R U W T K C O D O R
H M R Z F O O H R T M A M
I A O I F Q M E E Z D W P
V E T S N T A D S I C O A
E R G B C G T N S E A I A
S A F R E E O H C F E H X
C D T E L L C N F S S H Y
S A I H E L J U I Q A E C
D L B W R X I O T O R W S
D E X B Y N C G H T N A R
W S S P A I L E N N E F B
M Q L I N G F T M P U L L
C M R E D P E P P E R Y C
```

CABBAGE	FENNEL
CAESAR	HERBS
CARROT	LETTUCE
CELERY	NICOISE
CHEESE	PEAS
CHIVES	RADISH
CRESS	RED PEPPER
CROUTON	SPRING ONION
DRESSING	TOMATO

"B" Words

```
B I R B I S S Y O B G B B
I B H G B G O O L B A A E
B B B B R N O O R H G H E
R R U M N I O A E C B C F
E E U L X D I L L T B T Y
A S B L R D B S T A J O M
D L Y E B U V R U B H C B
E B I U W B S E B P S S E
L F B Y U I I H A T A R N
B L U B N A L N A O M E B
B A W I C B H D E O T T I
O H K G M C P C E W E T B
B I C E N T E N A R Y U L
B E Y E A C Y B O R O B E
B D B B E R Y B N Y T U W
```

BATCH	BOBBLE
BEMOAN	BRAID
BENCH	BREAD
BEWILDER	BUDDING
BICENTENARY	BULB
BIKINI	BULRUSH
BLEW	BUOY
BLOOD	BUTLER
BLURB	BUTTERSCOTCH

Taking a Flight

```
I G L S Z T C Y I P L W F
T O L I P E R E I P A F Y
B D X E K X H L N A V H A
F N U Q K B L L F S I D W
O W E W R O H O L S R U N
V A E I W K T R I P R U U
E A D R L I P T G O A M R
J G M L C O G P H R J F Y
E T B K A N C C T T F T W
C S E A I O I K M O E B O
E T D I G F K B E F A Q D
S T X Q X G I K A R I C N
X A S G B A A S L C S W I
T U B J Z T V G Y E L S W
M P K H E E Y B E A E L H
```

AISLE	PILLOW
ARRIVAL	PILOT
BAGGAGE	RUNWAY
BRIDGE	SAFETY
CABIN CREW	TAKEOFF
GATE	TAXIING
IN-FLIGHT MEAL	TICKETS
LOCKER	TROLLEY
PASSPORT	WINDOW

Time

```
S U Q A Z T D H S C U Y O
K T G V H M S R D E A N J
I X O G L J U U W N W N H
B E I P O S U H R N Z O D
M N L H H N E O U S E S N
I O L D E N E B Q H Q A M
L O R S H U G I B O L E D
L N B N G M O C V U T S O
I R E X I L N N P R F E N
S E V V V N L L O S D B T
E T P G E R G N V A O N H
C F J X N R O Q C M A S E
O A N N W M Y E O F N J D
N A I I E N D U R E B W O
D K M I I F Z P O P M E T
```

AFTERNOON	NEXT
DECADE	NIGHT
ENDURE	OLDEN
GONE	ON THE DOT
HOURS	RUSH
METRONOME	SEASON
MILLISECOND	STOP
MORNING	TEMPO
NEVER	WHEN

"WHITE..."

```
U D S R A I R F H S G W N
W R W F H O T U W Y N E Y
W K R S X U C O R K I J P
O I R Y F X J A R B N F S
R X O A O L L G T O T K A
C B L S H L I A I B H Q M
H V P T I S I S P L G X T
I R T T U W E G L N I O S
D M I H O T I A E E L A I
P R K N I G H T K L U C R
F A S B R W M P X C I G H
N S B H M D H C E E B N C
A A E J N G S R I A R F K
R A I R E D L A K W V O Q
D I C O R P U S C L E X N
```

ALDER	HEAD
AS SNOW	KNIGHT
BEECH	LIGHTNING
CHRISTMAS	NILE
CORPUSCLE	NOISE
FOX	ORCHID
FRIARS	RABBIT
FRITILLARY	SAUCE
HALL	SHARK

Wild West USA

```
A R R S I Q Q G J T A S R
V A O N O S T E T S S Q F
M O D B M U E Z T F P U N
Q J E Z Q K T A C C U O B
P A O R O O M L G D R L U
B M O P I P A X A I S D T
L X W P E S P R G W H E C
A O C D S U C N W O S L H
C V E O D V I A R D J T C
K N H N N D G R E R A T A
B A U C N O X T E C R A S
A O Y A N T N E I E M C S
R S R S T A I R A L T I I
T B C Y W H R H O Q Q S D
A L P A T G A R R E T T Y
```

BLACK BART	RANCH
BRANDING IRON	RODEO
BUTCH CASSIDY	ROUND-UP
CATTLE	SPURS
COWPOKE	STAMPEDE
LARIAT	STEER
LASSO	STETSON
OUTLAWS	WAGONS
PAT GARRETT	WANTED

Things That Flow

```
V Q Y F M R P L T P R N W
C D U W I O E B B W Y I R
J D I P C D L F B K A F C
M N P O D O Y B W O S F V
E L K Y O B D Y S T E A M
E H L D J H S L B R F R T
G N I S S E R D D A L A S
E Z M Z D I M R Z I N P K
Y U M I V Q S A Q I Z L R
S J T E L Y C U E T Q G W
E T R G X G I K D R F R F
R I G R V D O R N S T U X
V D M A G M A E D S R S M
Y G Z V S F P E T R O L O
Q E H Y Z S V B D U B X K
```

BEER	PETROL
BLOOD	RIPPLE
EDDY	RIVER
GEYSER	SALAD DRESSING
GRAVY	SMOKE
LIQUID	STEAM
MAGMA	STREAM
MILK	TIDES
PARAFFIN	WINE

"END" at the End

```
D N E B D N E S D O G Y D
N E D E U H E Q F N T N N
E W E M N C D N F Y E X E
H D N N B N S N D I D W N
T N D N E T T A E I E V Y
R E G P N D E L V T F N H
A P S T D N N I X H I X D
N U M Z D I D E P E N D E
S D E S C E N D R X T E N
C R N X N B C O N T E N D
E D D D T K H O P M N P E
N E U P R E T E N D D A V
D N G K G S N L E G E N D
H D D F R V F D H U P N Z
D N E Z D N E I R F E B E
```

ATTEND	INTEND
BEFRIEND	LEGEND
CONTEND	PRETEND
DEPEND	SUSPEND
DESCEND	TRANSCEND
DIVIDEND	TREND
EXTEND	UNBEND
FIEND	UPEND
GODSEND	WEND

Asteroids and Satellites

```
P S O R E T A R Y N K G A
U R D E I M O S E K A A T
R H O K F F F H C L F E U
S M T T A N Y P A T S H R
U Y S D E D Z T P T I R R
D P I A R U E C H U V P N
A A L A M A S F H H C N D
L N L F H I T T K A O K S
E D A A N T M F P I R A Z
C O C B E A S P R R L O P
N R E T I C M E R L U O N
E A H N R L P A A G R Z I
O Y J J K Y A P K T C V A
S T N X H V X C I A V Q U
E R K F G Z U A T T L C A
```

CALIBAN	MIMAS
CALLISTO	NAMAKA
CHARON	PALLAS
DEIMOS	PANDORA
ENCELADUS	PORTIA
EROS	PROTEUS
GALATEA	PUCK
HYDRA	RHEA
HYPERION	TETHYS

In the woods, we return to reason and faith. There I feel that nothing can befall me in life—no disgrace, no calamity (leaving me my eyes), which nature cannot repair.

Ralph Waldo Emerson

Places That Start and End the Same

```
O A M A B A L A K S A L A
N E X N K N K O D I A K Z
P H N S R D L B N M N T W
Q U R T B O N E W T O W N
B U X H E R M C R O G M M
K Z G L J R B C M K N D M
O Q A A A A P W A R S A W
O W K Z C O T R O P O C Y
A I E F H U D L I O O O X
H C R N Y N R Q I S A G Z
E M C A S Z R T L X E N O
J H A R T B V G I R U A S
E X T H A N O T U B U C Q
D A L E S F O R D H E H U
O D E I V O X G O E P T R
```

ACCRA	KURSK
ALABAMA	NEWTOWN
ALASKA	ONTARIO
ANDORRA	OPORTO
ARMENIA	OVIEDO
COGNAC	OWENSBORO
DALESFORD	RUHR
ENTERPRISE	TIBET
KODIAK	WARSAW

Words Without Rhymes

```
J M U V J G J C W O Y Q X
G F S D M H T Y H R O T K
P I Z Z A J E O Y R G N A
W I U P W N X H I C I U M
G B P F M W G A N L M Y J
N A E I X Z S E C R E T N
I H H S I X T H R K V T O
H C P Z C D M S S O E I H
T I I T K N C J O F U A T
E W J R C A S Y A H C S A
M D X M R B A C H E L O R
O N W C I S S U C R I C A
S A E S S U T D W O L F M
O S G R G H O B P X Y V D
K U E S I M O R P U F D S
```

ANGRY   PROMISE

BACHELOR   RHYTHM

CHAOS   SANDWICH

CHIMNEY   SCARCE

CIRCUS   SECRET

DANGEROUS   SIXTH

HUSBAND   SOMETHING

MARATHON   TOILET

PIZZA   WOLF

Timber

```
K V C N G Y K A O D E R R
C A B F N J N J B Z F E L
T T O O C K U Z L G D W T
F L B E D D A B A L D U B
H E C J T O Y E A C N D I
B S H I A I O P T L D L R
Y D E A T G H W A E H I C
N O R N M N H W A O E Y H
A Y R A P V A L S R L K H
G V Y R E S K N H W B Y I
O I L A A I B B O V M E W
H Y V P O S A N R A E Z Z
A B E F W L O F P T H I C
M L U W S W O L L I W P B
E I K A H O E T G J D P W
```

ALDER	PARANA
ASH	RED OAK
BALSA	SAPELE
BIRCH	TEAK
CHERRY	WALNUT
DEAL	WHITE OAK
EBONY	WILLOW
MAHOGANY	YEW
MAPLE	ZEBRAWOOD

Shades of Blue

```
Z N N M T M Y H U T X T P
Y A Z I A U V N Y Q Q E N
P N M N G L F Z E V K L A
P E V E Z T T G L A K I
S O C D V R H H S U D N S
J O W I M A G N C C S I R
C A L D L M I D Y N M W E
O I R H E A L A D E E I P
B G R I D R N K A D O R Z
A C G T F I L L R I G E F
L Z D E C N E U A A B P X
T I U I M E N S U E D X J
J R X R R M L S T X T X Q
T Z S V E H K E H R A T W
H M G L Z Y L I P J P H J
```

ALICE	NAVY
AZURE	PERIWINKLE
COBALT	PERSIAN
CYAN	POWDER
DARK	SKY
DENIM	TEAL
ELECTRIC	TRUE
FRENCH	TUFTS
LIGHT	ULTRAMARINE

Not on a Diet

```
P B I R K M I C N C O I E
B A L L Q M L O O N J U L
M G N K A J C H I P S D P
S E H L E I Y O C E V S E
C L A L S M N P C A N D Y
F S L L E R S H C D Q H Q
L Y N O I S E O T A T O P
I I E N R I N P Q E J T U
D V G R F Z W B U R H D R
P S E K H Y Z C A B V O Y
A E O J C Z Q C A C X G S
B R F E N F T Z M K O S F
F U L R E T U R P K E N Y
W I N E R E G D U F H S N
H G V S F M L Q R O W E B
```

BACON	FUDGE
BAGELS	HOT DOGS
BEER	JELLY
BREAD	ONION RINGS
BUNS	POTATOES
CAKES	ROLLS
CANDY	SALAMI
CHIPS	SYRUP
FRENCH FRIES	WINE

Ice Hockey Terms

```
G U L K E N I L D E R E R
H W C U L R T G N E B R G
L U S T N I O P D R G M I
P M I V R S P N H D R T B
A E M P T Y E L V E G S M
S C O R E T G R K N A I C
E S K E L N E C I B N S B
U T F A I I A W K O Q S B
G V O C R T O L R C D A K
A G I R T B M S T R A C W
E D A A L X H A A Y I P F
L C E E C O Y W J T B Z Q
V G N C T A R E S O E O I
K T H S O O Z K E H R O X
Z D P F F Y C D T B L H Y
```

ASSIST	MAJOR
ATTACKER	MINOR
CARRIER	PENALTY BOX
DECOY	POINTS
ELBOWING	PUCK
FORWARDS	RED LINE
GOALTENDER	SCORE
ICING	SHOTS
LEAGUE	STICK

```
S Z J C I N O Y R B M E B
G I N F R O N T F E S O J
N A H K X H Y O P I A I D
U F O R M E R R R J P D A
O Q W G C E E N D Q R J Y
Y E O V S M U L I A I D B
C O F T A S P N W T M S R
N N A T N G C R G G I A E
I L U I Z I O T N F T D A
L R Q F P F M O I M I V K
E N D I L F I O N A V A Q
L X E R J S N S W Q E N G
P N Q S B J G O A B U C G
T P J T V M Y O D Z N E T
P R O I R P J N F E J V U
```

ADVANCE	INCIPIENT
DAWNING	PREMATURE
DAYBREAK	PRIMITIVE
EMBRYONIC	PRIOR
FIRST	READY
FORESTALL	SUNRISE
FORMER	TOO SOON
FORWARD	UPCOMING
IN FRONT	YOUNG

Chess

```
B G V P X B O A R D E E G
Y Z N Y I E I M U A L V J
B A C I C Q T I B M A G S
N T L Z N U O U T P O S T
L T G Q P E N L S C O U K
H E U Z L E P P O T X C O
A V B T H N A O V J A S D
N V S E O S D L A L M E O
G A O D S V Z T B W N V N
C F A K O X T A H D K O S
C R Y P Y A F I G O V M X
W X R O C B T A O Q N K G
G A F K C E M R I S I O H
K F N K X E N Y H N N F E
N L Q N R O D Z G R Z S T
```

ATTACK	KING
BLACK	MOVES
BOARD	OPENING
BYKOVA	OUTPOST
CASTLE	QUEEN
DECOY	ROOK
ENDGAME	RUBTSOVA
GAMBIT	SPASSKY
KARPOV	WHITE

"HOUSE…"

```
Y K R R T P O K F D K E Q
R V E N Z B S F R K L F C
L F A E T U N Z L O O G E
C L P N L R O G Q O W Y N
P I E P Q O M O S Z R N W
O G U R N O M J B W B D B
A F T H D M O P W Z L Y S
Z W L H V R C I I M A I D
E V V F E L F Y F M V N H
K Y M T N E O L M V A F B
A S T W C M R A Y B Z O O
N I N O E G R U S P A Y U
S K B S I T E U H T J Z N
D Y R A I B H N F O N H D
R B L N Q G N I K A E R B
```

AGENT	OF COMMONS
BOAT	OF LORDS
BOUND	PLANT
BREAKING	ROOM
FLY	SITTER
HUSBAND	SNAKE
LEEK	SURGEON
MAID	WIFE
MARTIN	WORK

"TAIL" Endings

```
L D L I A T E V O D M A L
I U L E F L L S T A I L I
A C Q I G I L I A T X O A
T K L Y A A R X A L A I T
F T I E G T H E X T I I E
A A A L P G W I T L N F L
N I T L L N L O U A I E T
T L E O K I R R L S I O S
A I D W A R A A H L N L I
I A F T H P L T T I A S R
L T R A N S A T E A K W B
U U T I H I E A A T I A S
C U A L L I T I I G I L O
L I A T G A W L L I P H G
L L I A T T A O C P L F W
```

BRISTLETAIL

COATTAIL

CURTAIL

DETAIL

DOVETAIL

DUCKTAIL

ENTAIL

FANTAIL

FISHTAIL

OXTAIL

PIGTAIL

RAT-TAIL

RETAIL

SPRINGTAIL

SWALLOWTAIL

WAGTAIL

WHITETAIL

YELLOWTAIL

```
N K Y W R E V I H S O C Y
E F M R O T S W O N S N K
U L D V N R Z Y Y Y O S H
S E C H H A I L E T O D E
O E Z I S N I Z S P Y N C
U V C P C U G L A C I A L
T A I I Z I L E I J M L Y
H U Y L Y V A S V T V N T
P X N I V R A Q L R P E S
O O Q D C T D Z O Z E E O
L Y N T R Q R P K L O R R
E O I V J A M X S Q Z G F
B C P S S E N L O O C T C
T A P L E P F Z I D J G E
K L Y I T Y S I B E R I A
```

ARCTIC	REPTILIAN
COOLNESS	SHIVER
DRY ICE	SIBERIA
FROSTY	SLEET
GLACIAL	SLUSH
GREENLAND	SNOWSTORM
HAIL	SOUTH POLE
ICICLE	STONY
NIPPY	TUNDRA

Hotel Stay

```
N S T A S R I A T S W I K
Z O F T T K E S S D N T W
S U I A K G H G N I R A S
A V X T U A W Y A O R Y F
K I M E A Y O H S N E T P
X B S C F V C E K K A V O
T T S M O O R C N I T M D
S O Q C L C U E A W Q Y Q
B R H L D N B F S J R R A
V O I F A P N G F E H A R
F R X O X N O G V D R R E
G O L F C O U R S E Y B D
R R E P C I A A T A W I E
A H P K D C F D S E S L H
C N Q E G D O L N I R J M
```

CARVERY	LODGE
CHAIN	MANAGER
CHEF	PORTER
GOLF COURSE	RESERVATION
GRILL	RESORT
GUESTS	ROOMS
GUIDE	SAUNA
KEYS	STAIRS
LIBRARY	TAXI

Pizza

```
A E L P P A E N I P S J J
E N B P O N A G E R O Y A
V K U N S S E S E E H C Z
Q P T T Q Q A P F A O N T
S N B U I P A U T L E Q S
B W I E A C U O S K W C U
B D E O W S M J C A P W R
Q A I E A A D I H N G U C
S N C W T E H C G S E E D
A S C O R C I R U N O I E
U T E A N P O T O O Z J F
C S R U C X R R D I P F F
E E G A R L I C N N U U U
S M O K E D H A M O O Y T
K S L S M O O R H S U M S
```

BACON	OREGANO
BBQ SAUCE	PINEAPPLE
CAPERS	SAUSAGE
CHEESE	SMOKED HAM
CHICKEN	SQUID
DOUGH	STUFFED CRUST
GARLIC	SWEETCORN
MUSHROOMS	TOMATOES
ONIONS	TUNA

The more tranquil a man becomes, the greater is his success, his influence, his power for good. Calmness of mind is one of the beautiful jewels of wisdom.

James Allen

Titanic

```
A M F N T R R E G M I R S
I D W H E E L H O U S E A
A B S N I W X L A P R I L
F C I K R J Y A U Y K W O
E L I S Q N J O D X R V O
P D A R E D I L R E U C N
S H O R E C E A T K A R I
H O M C E M Y S T B D B Y
I A K M E S A K I P Q Y Y
P C B R S S R N C J A I R
U E R U I P R L N D O C B
M A I D E N V O Y A G E H
C N D J G A Y A M L E I E
S I G N A L M G S M S C V
B E E N R A U P E S A R O
```

AMERICA   MAIDEN VOYAGE

APRIL   MAYDAY

BRIDGE   MORSE CODE

CABIN   NEW YORK

CAPTAIN   OCEAN

DISASTER   SALOON

FLARES   SHIP

LINER   SIGNAL

LUXURY   WHEELHOUSE

Chemistry

```
C V C R C B L R Y U T B W
E E T H E R M O M E T E R
D X N P E M W L M A F W K
Y H V T N D I E L Y C X E
H V S S R M C C N A H Q R
E E I S E I O E L I J T U
D W V S T E F I S J Q N T
L P Q T C N F U O D H F A
A L N R O O R C G Y V D R
M I Y O R Z S I O E D I E
R T H N G O N I N B J P P
O M I T E R Y Q T Z A I M
F U O I V M A S I Y C L E
M S W U A C I N A G R O T
D E W M P S C R Q L B W R
```

ARGON	ORGANIC
CALIFORNIUM	OZONE
CENTRIFUGE	STRONTIUM
COBALT	TALC
ESTER	TEMPERATURE
FORMALDEHYDE	THERMOMETER
LIME	THYMOL
LIPID	VISCOSITY
LITMUS	ZINC

```
E V A E W P A O E L Q N N
Q E M O Z F E T M T F U A
S Q Y E R E T R P H R B C
E K G O F E K O M A E A I
V B Y O Z C M X H O N B H
A W Z I I P A A W N C C O
W J R L A E L G N I H S M
L F W D D W U S D B P U W
E O O C K U B P P Z L J V
C U O R N M R I L L E F J
R V X E H D A G E B A V B
A E T W K R I T V Z T I H
M S K C O L D A E R D B T
A V R U C N Z I W R O D Q
P Q Q T N S P L T B U A P
```

AFRO	MARCEL WAVE
BOB	MOHICAN
BRAID	MULLET
BUN	PERM
COWLICK	PIGTAIL
CREW CUT	PLAIT
DREADLOCKS	POMPADOUR
FRENCH PLEAT	SHINGLE
FRIZETTE	WEAVE

Brisk

```
Q N G N I H S E R F E R Q
N Q R X E C M V V D M W E
D E Q V R F L L G I O R K
E E E I S I F W A H T Y W
T Z S K V M K I G T G C M
I P I E A G D G C T I L A
R M L P M I N U R I U V X
I Y N U P U T I V U E G B
P V J A E Y V T L C Q N Y
S M R L P Q O Y R T A T T
R F I R U R P N F E S M Z
E G A I B P J S R A L U H
A H C P A X U L H J I A B
S K Z N Y H D W H B J I D
H R S Y S U B H B M O H A
```

ACTIVE	LIVELY
AGILE	QUICK
ALERT	RAPID
BUSTLING	REFRESHING
BUSY	SHARP
CRISP	SNAPPY
EFFICIENT	SPIRITED
HASTY	VITAL
KEEN	ZIPPY

Toys and Playthings

```
Q C V H W N B A R E E A Y
U T A L B O R A T G J C T
Y B R T I Y C I D T G H T
H P W A A G K E G D C F L
K C Y V N P L J E A N U L
C S B I S S U O Y O E R A
U Z C I K E F L F O N B B
D A T O C S E O T V C Y E
R M V Y O Y T B R I C K S
E B I P L T C L S M A E A
B E C G B P E L I I E E B
B I D R G O Y R E T R R I
U I B I Y U E R I T S F S
R Z L O L A R L M Z Y M K
H Y Y S O S L G N I W S R
```

BASEBALL	RUBBER DUCK
BICYCLE	SCOOTER
BLOCKS	SLEDGE
BRICKS	SLIDE
CATAPULT	STILTS
FRISBEE	SWING
FURBY	TRANSFORMERS
KITE	YACHT
RACING CAR	YO-YO

Saints

```
L W E M O L O H D B E R M
S U L L A G K E S N S E D
T S S W I T H I N J U S I
I U S I H P E S O H I E A
Q G C Y R P U A X E R R H
R R N B L A C A E A A B P
A E M A S V N E C L Z M E
E F I A T S E I C U A A S
R B P L C I N S L I N Y O
D H R H E O U H T L L E J
N F A A M H I S P E O I C
A R D V B L J V B R R P A
I W S K A R O S B R G X A
G E C R N F X M W R Z Y S
F P Y Y S C E S O R B M A
```

AMBROSE	GALLUS
ANDREA	HELIER
ANSCHAR	HILARY
APOLLINARIS	IGNATIUS
ASAPH	JOSEPH
BARBE	MONICA
CECILIA	NAZARIUS
CLARA	SWITHIN
FERGUS	SYLVESTER

Paper Types

```
N M F B C Q G W D J T O C
D E H N O K V N A X O N A
R X N Y C A U B I L L C R
T O V I G R T T J C L K B
N K S R L F E E L O A U O
E U A A L S K P L A B R N
M P A I F M S M E T F J T
H C G R E A S E P R O O F
C A R T R I D G E N L I H
R A B P M P O A C A L L V
A W R A P P I N G T K W L
P Y A Y K M R E E F I Q C
O N J X D I L R W P W C W
V J J N E V N E X G B T E
S W E N S D U G N E E R G
```

BAKING	LEGAL
BALLOT	LINEN
CARBON	MUSIC
CARTRIDGE	NEWS
CREPE	PARCHMENT
FILTER	TRACING
GRAPH	WALL
GREASEPROOF	WAXED
GREEN	WRAPPING

```
S N W E R U T A N G I S E
R E P A P M A X E R Y R Y
R E D N I M E R V R E A G
J I M Y W U Y N E T S I J
S L R X N Z B N T S F P L
V R E K O R N E E T H F A
H N C M E A L N T O V A N
H D E C B I V A N K L U R
L L I W R E G E S A C T U
E P P A L E N R B W O O O
E K T O R U P E I N Q G J
L B P E M Y L O L X I R G
K E D B P S Y W R Z Y A T
G R E E T I N G C T Y P L
Q R Z C Y Q O Z E T Z H Z
```

AUTOGRAPH	LABELS
BANNER	LETTER
DIARY	PHONE NUMBER
ENVELOPE	RECEIPT
ESSAY	RECIPE
EXAM PAPER	REMINDER
GIFT TAG	REPORT
GREETING	SIGNATURE
JOURNAL	WILL

Starting and Ending with "M"

```
M A M Y M G M P M O G M Z
M I A B A U D M C N U C M
Z R Y O I E M K T E U A F
M U H D J M M A S O I L M
M C E B M A M U R R K O M
O M M Z D A M U O X O L I
M I X A M N U M V R I N N
E L M M U N E S H M J S I
N S M A N M U S O P M W M
T U L R G C U D M L S N U
U M O O A M E L M M E W M
M V C J M M O M Y A N U I
I L L R M G M E T O N Y M
R E A A M U C I D O M R S
M D M M O L R M Y C A U M
```

MADAM	MEMORIAM
MAGNUM	METONYM
MALCOLM	MINIMUM
MARJORAM	MODEM
MARXISM	MODICUM
MAUSOLEUM	MOMENTUM
MAXIM	MUSEUM
MAYHEM	MUSHROOM
MEDIUM	MUSLIM

Famous New Zealanders

```
Y W W B Y S N P E A R S E
A F E B E A A T D C S W
C J U J R L L V T L J N U
V C H A G N Z F A H N C R
K E L U S M C O S G A L O
M C I N D O E H U R E N O
M Y N D Z S R V E W L N Q
M E M O R T O N D G L J D
A T A C K N I N R B Y V R
H D R D N V H E A K D L A
P S L R S U B O U C I A P
U B T A A Y G U P O A L P
Q G U Z E O F L A Y R L E
Q S D R T P Y O L Z D E H
Z U F K J A C K S O N Y S
```

ALDA	MCINDOE
ALLEY	MCLAREN
ATACK	MEADS
BUCK	MORTON
FREYBERG	NATHAN
GREY	PEARSE
HUDSON	SAVAGE
JACKSON	SHEPPARD
LYDIARD	UPHAM

Varieties of Tomato

```
S X C L A Z W Y V C Y X Y
Z H A W W P F K H E B Y F
G E J M H A T A L H R R C
A R E B A Q M L R R A C Z
T M A A K N O Y E U N Q S
E I A N L W A B R Z F V L
B M G R D O D O O I K W G
Z F A E O E R I R U A N V
Q K B L R A F R J A Q D Q
W U B T F E O A E E N G E
T X G B K S L G P H N G R
C O S S A C K L J E C N E
T Z W D A R U K A S R W Y
X L A I Z N J B I G B O Y
T E E W S R E M M U S U A
```

AMANA ORANGE	LATAH
APERO	MYRIADE
AURORA	ORAMA
BIG BOY	RED BERRY
CHERROLA	ROSADA
COSSACK	SAKURA
FLAME	SUMMER SWEET
GRANDE	TIGERELLA
JENNY	YELLOW DEBUT

Cities of England

```
B Y K P M N L O C N I L U
G R L A X O R H U O A E K
F R I K S W R E V P R P H
L E C S L L U M I S Y T
A Y S X T Y D I R R Z A
H G U O R O B R E T E P B
M V N W W G L Y N T O P C
A Z D I O B B E K R M L A
H S E R S R V I T R N S R
R D R L E O C S G O O C L
U E L D C Y M E R T U Y I
D E A G Q O J W S G G N S
W L N E U Y I U I T T M L
Z L D T N C S X O L E L E
Y P H J H S G T S K D R C
```

BATH	NORWICH
BRISTOL	PETERBOROUGH
CARLISLE	PORTSMOUTH
COVENTRY	RIPON
DERBY	SUNDERLAND
DURHAM	TRURO
ELY	WELLS
LEEDS	WORCESTER
LINCOLN	YORK

Novelists

```
T S N V L B B L W S I E I
H O N E K T N E R M N V Q
A A L E G Q B Y E A F S O
C S R K K M F O L D W L F
K C C D I C Q L W A L L J
E K R O Y E I F I E O F E
R H A M T P N D D O N L Y
A Y Q A S T A N W J Y N E
Y D E R V K A U R O G V R
H I N S H R G F D G I B O
J A E H I L R N B E E F C
O L M P Q K A R Y A N A V
Y P W Y I N D U R R E L L
C M G J O H Z N A Q N G I
E L K C E S U O H E D O W
```

ADAMS	MARSH
AUDEN	PIRANDELLO
BOWEN	PLAIDY
CONAN DOYLE	SCOTT
COREY	SPILLANE
DICKENS	THACKERAY
DURRELL	TOLKIEN
HARDY	WODEHOUSE
JOYCE	WOOLF

Everything we do
is infused with the
energy with which we
do it. If we're frantic,
life will be frantic. If
we're peaceful, life
will be peaceful.

Marianne Williamson

Japan

```
H G X J Z E E C I M J A A
T V L J I X K B Q B C R T
C O U X K X A A O Z U Q I
G D K U R R S O N K P X K
O B I Y A Q K J A Q Y Y A
E L M K O O Z M G M L L E
T U I M F I A E A K A S O
A G G H C K A W N I Q I S
R L A S F H A R V V R H U
A N Y I C N A E U R I Z U
K A O L I E H I A M A C H
G Y P K W Z S K A K A A D
S H O G U N I N O I X S T
M D Q T H T E G O T U L Q
O I G N O M G X A X G T L
```

AKITA	NAGANO
BOOK OF HAN	OKAZU
GEISHA	OKINAWA
IBARAKI	OSAKA
JUDO	SAKE
KAMAKURA	SAMURAI
KARATE	SHIMANE
KIMIGAYO	SHOGUN
KYOTO	TOKYO

Words Ending "FUL"

```
I L U F C E W A R Y F U L
G L U F W A L U F T C A T
N L T F A X E K L L V E L
L V E L Y T F S U U A U S
U R P E U O E F V R F D L
F L I R F F J F F Y I L U
E U T Q L U T U U S J U F
C F I T F U L H D L S F G
A H F L G U F A G Q P E F
R T U O F V I E M U O M O
G O L N R N N A Y Q O A S
S L I C F T N F Z E N H L
I S F U U F F U U C F S T
D U L G U V U U Q U U A U
L U F L T E F U L Y L L L
```

AWFUL	JOYFUL
DISDAINFUL	MANFUL
DISGRACEFUL	PITIFUL
EARFUL	SHAMEFUL
EFFORTFUL	SINFUL
EYEFUL	SLOTHFUL
FATEFUL	SPOONFUL
FITFUL	TACTFUL
GLEEFUL	THOUGHTFUL

Farm Animals

```
E D L G A N A G L L K W I
S Y O D G O S L I N G S D
E J A G R S V M V P Z Q N
E W X F S A P G A N D R S
G R E P Z O K I Z R V T D
G E I S N F W E P R E S I
J G I I Z S K S S L G S K
S N E Y S I E C G J C E A
M S D T T Y W I E A V A S
L L A T A U P K T Z W S E
A O E R R M C T N H H T V
G N S M J C L X O Q Z L L
S C O C K E R E L S N E A
V S H B L S N E K C I H C
Y F A W T B B O A R S F L
```

BOARS   GOATS

CALVES   GOSLINGS

CATTLE   KIDS

CHICKENS   KITTENS

COCKERELS   PIGLETS

DOGS   PIGS

DRAKES   PONIES

EWES   RAMS

GEESE   SOWS

"GREAT..."

```
J Z Q X K J L S B C I F U
U T C U G A N K K T I L S
N N A Q E I E Y U R R N O
W U C S A M D E E Z O S V
A Z M L V N C O N I L I G
S V P B E W F Q T A S A N
H R R I E L A A V L D I T
E J R R O R T E L Q R O M
D F C N V C L A X D P H O
K E D V E A F B E S A E G
Z O R P K Z E H D B I F U
N H X E P A N E B N N T L
F E A X R A R T N U A Q A
T H V Y S T S O C O T S H
A A G W B E P E C A H S E
```

AUK	MOGUL
AUNT	NUMBER
BEAR	PLAINS
COAT	RED SPOT
DANE	SANHEDRIN
EXPECTATIONS	SEAL
FALLS	SLAVE LAKE
FIRE OF LONDON	UNCLE
FRIEND	UNWASHED

At the Circus

```
D P J S U O R O M A L G S
V H J D I S I S Y F O P L
A K H N E N D X T N B J M
R H A S X J E W L A J U B
Z E R K S V R A I X E G N
E O W E N S S Y N N U F Q
H Y G O T A R P A U L I N
E Y S L R S M J E Y I H S
J B I K K H D G I A C T S
T T W I C L T N N C C A T
S N D K L I G E A O R E L
F S E N O C R D F M R R V
U U G T W L C T B I M T U
L Q L O N M O H W I N O S
H I D K D D U O G U U K C
```

ACTS	KIDS
CLOWN	KNIFE THROWER
COMMANDS	RIDERS
DOGS	STILTS
FEATS	STRONGMAN
FLYING	TARPAULIN
FUNNY	TENT
GLAMOROUS	TREAT
HORSES	TRICKS

Art Media

```
B A T I K A T N K T W T I
H F I J M O J R J N R N Y
M K D F O A U H A A C J U
L M S V S P H P N C R R V
G N C M A K H S G F E H L
R O R S I B F N E S L R B
A N U K C E I T G E I C Y
D O M A R H U Z N B E I J
A Y C S C C G I I S F L C
T A E T D H L N T M I Y N
I R E O A T E T I C G R I
O C O P U X G F N D L C L
N W L O B T E E D Z A A N
K C Y T T U P G R T P H F
C H G R C Q A I J O I L S
```

ACRYLIC	OUTLINE
BATIK	PENCIL
CRAYON	PUTTY
DAUB	RELIEF
ETCHING	SHADING
GOUACHE	TINGE
GRADATION	TRACERY
MOSAIC	TRANSFERS
OILS	WOODCUT

All Ready

```
T Q L E V I T P E C R E P
E W U D A N A V E A G L E
S A F I Z E P T D T G Y Z
N D E T C D P D F I Z E H
E H C E R K T I B D I J R
E K R V Q E W I E F X L C
K B U T D S L S K G I B O
T B O K H E O A W C N T M
Y W S H A P G S P D O G P
D Q E M S G S N E T R N L
E C R I F N S M A A D I E
E D D O O D I P A R E T T
P P O J B R U X V F R I E
S E L N P G C W S D K A D
G U Q W E I L G Y B A W Z
```

ALERT	PERCEPTIVE
ARRANGED	PRIMED
COMPLETED	QUICK
DISPOSED	RAPID
DONE	RESOURCEFUL
EAGER	SET
FIT	SPEEDY
IN ORDER	SWIFT
KEEN	WAITING

Citrus Fruits

```
W W T D R U F P W T P R X
E O V N V O W J T V O N B
N E N D O C G O F P N A T
I G N N Y R P N Z W C K V
T N O M I O T M A O I O J
N A M U M K U I Q T R Y E
E R E E M Y I U C T U I K
M O L K C O D D A H S I R
E O F J N A K N O P Y T L
L C W N Y B I Z Z O A O V
C N X U C Q A P M U Z C B
K Q G C U R W I Q U Z Q A
A L O E N N I M E B H U C
I M Y Z S T U E T R O G Y
Y H P O Y K A F B M I M Z
```

CITRON	ORANGE
CLEMENTINE	ORTANIQUE
ETROG	POMELO
IYOKAN	PONCIRUS
KINNOW	PONKAN
KIYOMI	SHADDOCK
KUMQUAT	TANGOR
LEMON	UGLI
MINNEOLA	YUZU

Greece

```
Z I I D C U S X S V A R Y
B N W N S O I X C N G Z A
P I D D E Q H T I O M U M
N R N Z V X Z G H O R O C
A O Y W I P E P C A U F Z
X T T M L A U F V N C C U
O N H Q O L S R T Q G A N
S A R S U R U A D I P E O
F S A P H A T G O H A A N
O L C A L H E A T N K A M
K Z E E O A N G E W K S E
K G U S M N K C E G R T M
V K B O I V Y A Q A E H A
Z N P N H M U D K R N O G
V L A E T L H I C X T H A
```

AEGEAN	MYCENAE
AEGINA	NAXOS
AGAMEMNON	OLIVES
CORFU	OUZO
CRETE	PLAKA
EPIDAURUS	RAKI
IOANNINA	SANTORINI
ITHACA	THRACE
MOUNT ATHOS	ZEUS

Architectural Details

```
A N A I H T N I R O C W E
B T B L O E P L V E S T M
P T A Q C K L T N M O A B
I Y G R S O L V J O F D R
T Y L A U C V A R D F N A
Y I Z C B U R E N P I U S
P F M Y Q L P O R T T T U
L J J B A Q E C L P E O R
A E W Y E Y O R Z L I R E
S S U R T R A S I D R E N
T S X V N F I T M P A V R
E E K I T Q N N G T S D N
R W C E E A F H G H L D O
K E R O P Q R I N D J Y K
A S Z B O Y F U M J T L R
```

ALCOVE	PIER
CORINTHIAN	PLASTER
CORNICE	RAFTERS
DADO	ROTUNDA
DOME	SCROLL
EMBRASURE	SOFFIT
GABLE	SPIRE
LANTERN	TIMBERING
PANTILE	TRUSS

Countries of the EU

```
N E N R C T P Y X Z S X S
E H U N G A R Y L M F N E
T C H Q I M C Z E A J R B
H O R V L K T A F W T V O
E J T O S U R P Y C B I O
R A Q M A I N O T S E L A
L L R Q R T S G F E I O K
A M A L T A I R R T B T R
N I I G G G A A H E G K A
D M R L U N S U K A E N M
S L A T C T A W C V I C N
Y F G E S N R K E A F A E
B E L G I U M O P D A O D
F G U A T L A S P Y E U T
S C B W Q Y M M W X C N K
```

AUSTRIA	HUNGARY
BELGIUM	ITALY
BULGARIA	LATVIA
CROATIA	LITHUANIA
CYPRUS	MALTA
DENMARK	NETHERLANDS
ESTONIA	PORTUGAL
FRANCE	SPAIN
GREECE	SWEDEN

Solutions

1

```
S U I T I R U A M I R V S
C H A D E L H I I S I R O
Y P J G G E I N U L P C R
H L I X R P C A G N A A O
K H N B D D L N Z A I I M M
K H S O G G Y N N D W E O
T G A E T L D A D W E R C
G K M T N S V T A I W I I O
U D E X D E W I O K O O O
I S G N T L G A E S S N E
N I I N Y L V A N O U J M
E O M A L A W I L A D W A
A N B R B I A T I U A Q I
E Z Z A M B I A O G N O C
M A D A G A S C A R D F V
```

2

```
O M I M T L E P R J C B E
J B I K J V E P R T A G Q
H E G N I S T M N V A S X
N X U L T E O O O S S V E
V I O N K G M C R N T E W
M A S F R O L A I T R R L Y
A N O A D T B L T A S
E L M S O N O H N I W K L
R X U B H R G O T S B A F
C Z L B O A R E U E A H
E D P T S F Z N A T R A C
A N A E F O K E V O R P N
N P I A A R E M L A Y L I
R N S W C C I N N A M O N
G I V R S U H L J D U R K
```

3

```
N V Y O G A A R C H E R Y
O E O B I T N R E O W C I U
L E Y O G H N I H A M M E R
S C I E N I Z G R N I A A D
I T V B N K I G G H B E N N E
T B G L V N L W J O V V N I
E A N A I R T S E U Q E I L
L H L W O S N I H M M I L O
H L O E U K N U K D O P O
T R F C S G R P J U D O P
A A S A S D O N I R G M M
L I N R L Y E K C O H X A R
D P S E A K F S Q E I L T
S R S I N N E T E L B A T
```

4

```
I N E N I L T S A O C B X
Y E T D N P O Q A F E T O
R L I N A T H S R A M K B
A U P C E G L P C A L E A W
T U V S O B P I L D G O D
S J A S G S C R C D O Z O
E K K D H H Q N A D O R I
N G P O I T L J L C N I J
F R E E F G A L A S V D
O E A O F S N G C L T E G
Y N I T G D D Z J S L R Q
T T R E S E D E Q M Q I A
S N I A L P O B B P W U H
R J E R K G O L B M R G L
```

5

```
O O L L N T N F N E K E E
L L X O S E T E E A O A E
I O U Y I E D U A K A D L
J X C R O N L R E O L L O
O E O O E G I A D O M B O
K E F M O E L Q M L O
S D P S K O G I N C O R L
P A O O H T H E G D G H I
H O S R E H S R N R Y C T
E Y A E O E O U G E A F H
R E A N F C L A H M S S T
E T E A A S W A R O I S
N U V L R E L P O R A D S
X E E L P O U T H R O A E
O O R S Q L E E S U M N R
```

6

```
D A N O T G N I H S A W A
D N A L E V E L C Q B S U
E H A N N S N H B R M E D
N R M I I O S O P U E Y M
B S A N O B S M X I S A O
M Q B O P V A R S I Y H N
C H O S S D E E E L N A R
K V O Q I U N D Z F W X O
I N O S N H O J F T F B E
N Z O T O P M R S T S E D
L N U W R O H O F P A T J
E S E D C L G A D A M S L
Y R M B B K T R R R D S
T Y L E R G R A N T T Q T
G E D E R E T R A C T M L
```

7

```
M B D I H S I B F S B M R
Y O D G I J Z F H Y Z Y N
R C A W D G D R A T S U C
A N E O A O R H L T H P
N A H E N R O D I C J L F
A T N L O W A I P K I E T M
I E P A L P S E M N Y E
B N O S U V F E O T B G L
F R U N T G Y Y N F X A W O
M O U E S O R M I R P L N
O A X S E R X L O S U Z S
D O A E N I M S A J B I B
Y E L L O W H A M M E R T
T I L F I V N O R F F A S
```

8

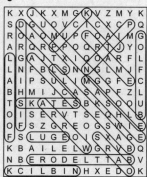

```
K X J K X M G K V Z M Y K
D G U O V C I V C X C P Q
R O A O M U P F O A I M J
A R O R E P O Q R T J G O
L L G A I T X I Q O A R F L
L L N F B S N N G L M J F
H M I P S U I M G G F E C
H M I J C A S A P F Z J U
S K A T E S B K S O O U B
I S E R V T S E Q H L B
F S Z G R E O G S W I E
L U G E O I S X A G E
B A I L E L W G R V B Q
E R O D E L T T A B V
K C I L B I N H X E D O K
```

Solutions

9

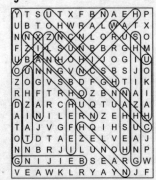

10

11

12

13

14

15

16

Solutions

17

```
G H Z H S D O D C Z I S P
N B T P I R C S U N A M
W P G G O L P D T E D R L
F S Y R A R B I L P H A F
D I T R X A G I F X H A F
I N H E C V N D J E E O T
O A H L H E E I D V O T A
N D S U H T A E D L I A O
T N U A S H A I E E R O
E E C N E B V F E L E C R
I C O S K O A N D U K R C
U S S L R E Z N S N N A B
O D E M A B E G S X X R E
L T D M R O C H A R T S G
```

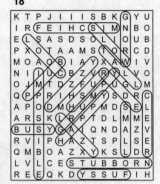

18

```
K T P J I I I S B K G Y U
I R F E I H C S I M N B O
E L S A S D S O L I U B D
P X O T A A M S T O R C D
M O A O B I A Y X A W I V
N I U C B Z V R Y L V O
O Q M T D Z F U P U G L M
Q P P R I S M Y S D R C
A P O D M H U P M D S E L
A R S K R P T D L M M E
B U S Y G A I Q N D A Z V
R V I P H A Z T S P L S E
Q M B O A Z X Y S L J D R
L V L C E S T U B B O R N
R E E Q K D Y S S U F I H
```

19

```
G B K N Y D N A L N I F E
N C U R H X J V K J L W H
I B A U A C I N O R W A Y
N O L S O M L E E R T S H
R U E U G J N G U D U V A
E O S V U R N E N D W A V
H E U S U A I A D G N L A
Y E N A V S L V A D R R
V A D A P Z S R K E A I T
N S T W A O I U Y A N R I
X S W L D R W O B D N D M
C O P E N H A G E N A R
A W N K D B F R J M V J G
I S S J A E S P N T C S J
E X N L D X N E M M A R D
```

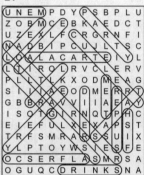

20

```
T W W C R N V U B T A F F
U F A K E L E V L G N F K
R E T S E I N D E O C R U
N E N L C C P R D G G A
G A S I M A U H N A Y Z
W I M E K F C V N V U L H
A B M E I L H G A A Q A C
R K N O N N A H S C P Y C
N S K Z N N E N E E Z B E
O Y B O C E B N R O L D Y
W D R H F Y A I A I L N A
C B K A S A H N V B W E M
E O Y V Z L N Z L M N Q L
E Z Z O R P G T G B S O A
L I H N Z F L R O W O C K
```

21

```
U N E M P D Y P S B P L U
Z O B M C E B K A E D C T
U Z E X L F C R G R N F I
N A D B I P C U I L T S C
L O A L A C A R T E R Y L
L T I R O L R V C L E R V
P L L T L K X O D M E A G
S I I A E O D M E R R T
G B B R A V V I I A E A Y
I S O T G I R N Q T P H C
E I E F U L X E X A P S T
T R F S M R A R S S U I X
Y L P T O Y W S E S F E
O C S E R F L A S M R
O G U Q C D R I N K S N A
```

22

```
S U T N Y R I O G R B A M
T A G T T N O E J N G B E
H P N B S N T L V N C D N
R A F Y O N E V L O V E P
I V Y F E O V M K G H B R
H Y T A U S A G T N S O
S R W O R O T G U Q V P
I E J X K M T N T L A X E
R Y A W D A E H E K A M L
U V M T H R I V E S F D E
O N D A T F E N X R H R
L F S X S R T O P P U S
F X E L W C R U A S L T
R Y T N Z Z H S N M Q L
A E P K D O I L D N A N T
```

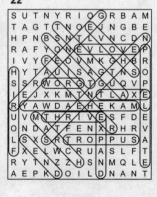

23

```
E T O E Z S E R I O O L I
O I S O V E N D L O W R V R
Y G C T O O O R N U D F T
T O N F O N T O C N T I N
I L X U O B E S I T Y C E
N O Y G N I L L E S T U O
U T N H C B O V N E B T E
T R O O O C E B E E G N O T
O N O A R N S X V R Q A L
P T O L E C O T O O A K V
D D O K U Y S O M D R N W
O O S H T A O O Z I N G D
K D E O R O L O L I V E O
```

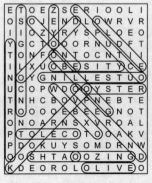

24

```
S Q E I S U O L A J T V E
L W L S E B I R L E I R O
T R I G E B E R M V I M R L
R E G N R I O R U T S N A
A V E N H R D M E D H X B O W
V E T D S O W I R Y A O S
E T U L B W W Z N P A N E
R S P Q P R A K A N G L N
S A W A D R Y L C E H R S
E F R Y R V F G L W B T A
Y P A T T E R N E D A G L
S G U T S K L O A L Q N G
X L S P N W E M A R F L C
M I D H T U A A A C L X E
```

Solutions

25

26

27

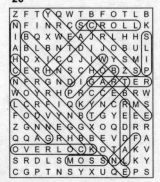

28

29

30

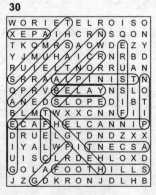

31

32

Solutions

33

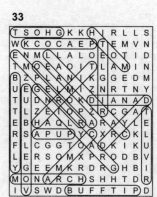

```
T S O H G K K H I R L L S
W K C O C A E P T E M V N
E N M L L A L O E O T I D
T M O E A O I T L A M I N
B Z P L A N I K G G E D M
U E G E I M I Z N R T N Y
T U D N R O K D I A N A D
T L Z E O P Z R C G A T
E H A Q L R A R A Y L E
R A P U P Y C X R C K L
F L C G G T O A O K I K U
L E R S O M X P R O D B V
Y G E E M K R D R G H B I
M O N A R C H S H H T D R
I V S W D B U F F T I P D
```

35

```
Z A P A L B U G X O M D G
O B I R A M A R A P A H E
S U I M O W R Y F L T X L
A H I N W O T E G R O E G
N L B R A S I L I A G N W
T Q Y T R C J A J Q O A N
O E X T Z E N E C U W A T
D G N L I A S A L I J A T
O Z O N V R O Y T V V O
M W N A E A R J Q V U O U
I Z H S C Y I M Y N T O S
N A E A U G A N A M A X S
G U S A Z V C C V N H S A
O E D I V E T N O M A E N
R O D A V L A S N A S P Q
```

34

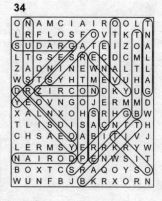

```
O N A M C I A I R O O L T
L R F L O S E F O V T K N
S U D A R G A T E K Z O M
L T G S E S R E C D L T H
Z A D N N E W N A L U H A
W S T S Y H T M E V V H G
D R E Z I R C O N D K Y U
Y E O V N G O J E R M M O
X A L N X O H V O L E M M
T L I S D I S A C N T T H
C H S A E O A B I T V J
L E R M S Y E F K R Y W
N A I R O D P E N W S I
B O X T C S R A Q O Y S O
W U N F B J B K R X O R N
```

36

```
W A R T S I L E V X N X I
R S T T T J Y V H O U S A
T U U E S W Y S T E U T E
E N J V U B E K H G H A Y
E V A M C E N E O D V R E
B A S I O A C R O I O E B
R E R I L D E O O M Z Y R
A D B P I E F T T C E N W
G N S D Y G Z Q S A E A S
U R L A O S L I G U X R T
S R E D D O F L A W S D B
G Y A X I L A D O M N U W
E Z V K I E I R A Y C A U
D L E E D J M A T I L T W
O F S L D S B U R G R S G
```

37

```
H O H S A R H S I L O O F
S U O T I U T R O F O J B
H T N F W M M E X R O X E
E G C T I P T E C M A M O
A O H I R N L R O M R F O
S N B B R R A U N W O S
T G C U P A E D E K E R
R O D Y R G X A H M P Y N U
I N X O O L R T A Z V I C
G U W N B C K Y U A F H
S D G N A T H Y N T C B V
F V P P G I W C B I S Y N
E V A R B M Y V P E O Y E
```

38

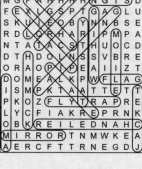

```
E P A R D D T U Y W L X O
M G F A H H H H N G I S
F E X L G S P T G A G L U
S K U I E O B Y N N B S E
R D L O R H A R I P M P A
N T A T A C S T H U O C D
D T H A O P I P E A I I Z
D O M E A L K P W F L A G
I P K O Z F L Y T R A P T
S K Y C F I A K E P R N K
L O B R E I L E D N A H C
M I R R O R T N M W K E A
A E R C F T T R N E G A J
```

39

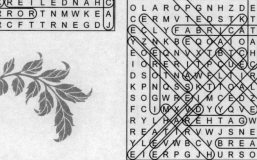

```
T E I M N N D N R O B H A
I Q V A T U V E N S A D Z
M A L O L H W L A T E A L
E Z D E N O I H S A F L Z
R T S A I R V C R I G O Z
Y S J R W L E S E Y Q O A
D S T Y L E S K J J O F V
K L A E D A T J Z W O B F
N N R C M C A O H N L E D
S E D O V S L T I D E A S
O N N K W Y E A N Q P C G
R N C A O A D J N A O N R
H I V O O L Y D I R A R D
N E N D O R V S E M Z P N
X A O G F F F P F D H K Z
```

40

```
Q C K R O W Q X P G J R L
O L A R O P G N H Z D E I
C E R M V T E D S T K T
E C L Y F A B R I C A T E
Y Z N K B E Q C A I O A N
E O E O N V X T B T C N
I O R E R I T P C U E C N
D S O T N A W E L I T R R
K P N Q S S K T O A L E
S O G W R E I M C E D Z D
F C I M X V D Y Y Q V E U
R Y L H A R E H T A G C
R E A T R V W J S N E E
Y L E V W B C V B R E A K
E E R P G J H U R S O N
```

41
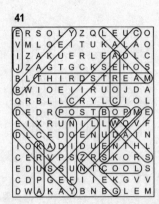

42

43

44

45
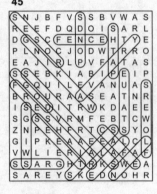

46
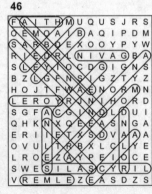

47

48

Solutions

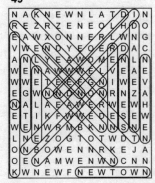

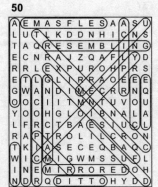

57

```
D N G X T V R N I N T H R
C R S J Q P N P M D H H R
E V I T A G E N D M T O S
X Z E H T S E M I T E I S
E M H B T F I C A X X A R
Q I P R U V L Q R T A S N
U N E L A C F A H C I E C
A U X S U T E W H O L E A L
L S T O O S I L T D O D L
Y R T E M O N O G I R T C
J L E L E E J M N Z V C U
T H U E G R T O U A K H L
N V A N Q I J G Z D Q T L E U
H T F L E W T S M U S
Q I P O T L N J M N Y U I
```

58

```
S F O E R P I U H C U E E
Y F I Y P Q Z T A P U S W
M I I O Y T A P S R I G
E R I Y H I E Y S Y T A D
H A V E T H T L A Q P E I
C T N R E T A M K C E H C
L N I O T N A M S I L A T
A P T N E S I Z I D V H S
L R R S E L I L E A A A
L K R M E Z B M S R L I M
M A G A Z I N E U U O U L
L A C Q U E R M K H M N I
A L D C A X E I N M C O A
X L Y K G J A F Y P A N O
E D X N G B S P I N A C H
```

59

```
X M I Q W C M X H R H Y Z
A R K Q M R T A H W J S I
D N L O Y U A I N L E O E Q
N A G V Y R W L H E A O C H
G W E S J G O Y O U X A J S A
U B O J I D W Z F P B L A N
A K B N P B P S R S S M
B I E O K M H E T W R M A
M J N C T U S U R B A R I
I Z X W E N S H M T D N N
C Z W Q G M Q W C P A R I N O
S O T A G T R H A J Q N
A I R T S U A A S N Q I O
E Y A V O D L O M F A V I
```

60

```
A R M E L A R M A P T U A
S G N I M R A A R E E A R M
Z S A T A J B R M T M R W
A N E R A T A M L I R M W
R X E L M R I E L U A P C E
M R J C M E M P T A P C O S
A N S Y I R D C M M M P O S T
D R A T A T A F H R I E R L
A N M R N B S D O A A P L I
T R M I C E G I R R I S
E U M D G Z M M M O C R N
A R M U R E E A O R I E G
A R M A T U R E M A A D S
L L D O L M R A A R M R N
A R M L H Y A R M T A O M
```

61

```
L V D Y W P E R A X E H D
W E A E O O E Y C C S Y I
E N L P J K T K J G H M G
R U Q D O F L O S S Y Y X
N S S J I P K W M T H R D
E U R F F R N X A X O K K
F O N A B O B E G T R H I
S P O Y E G M L O C I M O
O R H O S I O V G H H N K
E A L L I V M M A N I C D
S E T A E T I H W N X H N
R A I A U A W A G J E H U
U D A V H E S E L A W Y D
N W E A R Y S T G R H A L
```

62

```
M K O A E Y J H K P J V E
S I L R J D O H S D O N T
R H N Y S W M R H T W I X
B E N O I J I Z O X D M
E O V F E S G K R T B H B
O W O Z R H E B R U I F S
L G C L E O P O U H I S M H O
O U A R Z C N W K A T T M F
P C O J O E M V O G E C L
I O A R O A H N W L K I
E M V H O S T A W N N
A R U V X G R H I N E H G
S Q Q G G R E L L K X O B
R E M L O T G L R I N K A
```

63

```
K K N T S I N G M A Z U F
O S N I R I U O T T P K Y
Y F E A K J L P F G N I M
K P V R A W T N P W X
I G N H E E U A T J I O T
A R K V W V Y B I L Z B U
K O I H C C E V E T N O P
I L J P M D Y H L R C W S
H P A R A T A D K Y L X M
S H T U O M N O V A I Y F
A E X N P X T T M S F W H
K N L M U H I L L O T H M
A Y X X U D Y F R X O N L
K T S R P O R T M A N N T
R E W O T L H O W R A H N
```

64

```
F A X Y R N O O L L A B E
B Y Z U P L M G Z A K T Z
B T P E L D A K C B T Z T
G O T E D P U R S E D R P
X I C G I U N V N L O O L
K I O A I Q I O O P M A B
E N N K X F I I Y P R G A N
U O F N R N A F S T D H I P
N P A I A F S T D H I B O
I S U M D N G W A M H K O
L T P P A D J R X G S T B
O I Y G E P F L R A T I U G
V O B D A E W E T H F Y L
K O C A P R O N P R A H Q
```

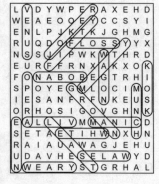

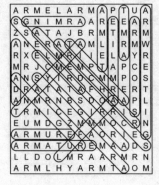

Solutions

65

66

67

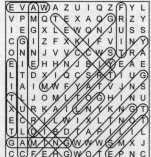

68

69

70

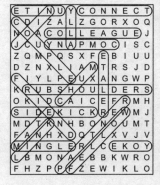

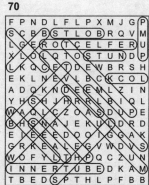

71

72

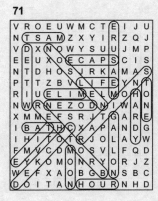

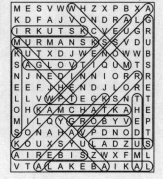

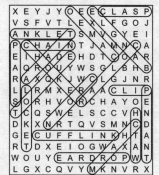

Solutions

73

74

75

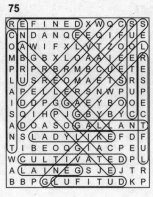

76

77

78

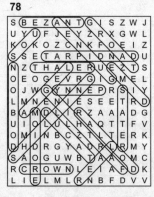

79

80

81

```
X H T B T B M N W Y B Z B
E C T U N L E Z A H G T U
L T V A A Y U C B J V N L
P O S I L A Z R A V T U O
P C I L Y F N R G U O M L
A S O N G A R T E N I R E
E R W N N P O T U H H E G
N G A I F L N C N C E P U
I R V F C C O O O A P M M
T E E F Y C M M M T E V
P U E P D E E U U T S P P
A B N I L L E P Z I K B
C T T M S N I S U P P E
Z F E N A R Q K S X A L U
O A M A R Z I P A N C G
```

82

```
B T I B V M Z E F S B L A
S N H T A Y D P L R U B O
N U S J K T F O F S E D
O H I E R L W A R N S I V
I T R Y R A C L A O U W R
T C U E A E P I I N L Z E
U A R J N T S N N E C O N B
A E B Y K D R O I R E C H
B R H O A F N O L A S P T
I T F A Z G N I K I H V A
N B K R I U S A D S F C
G E K A D O G S H O W C A
O S W K U J O S A E A S M
```

83

```
H N N Y U W V Q M Y V G U
U T M T F A T M K H F R M
L N R T I R L E O B X H T
L C T E K C A J E F I L U
P E K J B W K H Y C Y U H
H S Y C K C Y R W A C F S
M M X N R J H E Y T W F H
A T C N V O F I M A C I A
S A A A F L H A Y M P N
T K C E R W E C V A I G T
I A O O Y B S S N R R J Q
D D O D J A N L A A N P D
E G F L A G U M I N G F S
S I H A F W L Q W A Q D D
M F H V B B W F S X S L R
```

84

```
E O H G A R X D N E T T A
A F F M W A A H S V S N K
S Z O W A E P A T D D O I
T E O N B D H E X O X Y
E C T U T Y E U Z R D P T
A B I X L I O A E Z A U X
F P V W T E U L O L S S
A F E N S A L J D B F T O
S Z O R T F C S Y P V A E
Z T L S Y F I X E R F N B
A F Q T E T C W R P L T L
G E R U D N E A O G T A U
R O F D N A T S V L L H O
```

85

```
E H L F O B N I T R H D T
N X L E L A R I M D A W A
I N S F T L I Z X K J S G
E I L V R X P L L U W T
L M U A E W I U H A R Q U
A S P H T H S K S N Z A R
R A Z Y R E A E F N I Z L
F H D A H O E C L L X M I
I A S S Z U R Z I U S Q L
L A K R O R E T S I M I W
R E D N A M M O C T Y B U
M A H A R A J A H H S B J
K A I S E R C Q Y Y W A Z
V H H P O H S I B H C R A
```

86

```
C N I T U O B U O L M Z Q
F K P J R R C T F M U N D
R N P I M E O D N Y I J
D E C R M N H G G A B E E
A C N L A R X G N F U H O
I J H Y A D O R A N O Q X
S Q F G A B A I M A V C D
E E B W U R K M D A L I E
R P D W T A E F I N O A V
S F U N J J I E I E X O G
S E E L J E N D L L E J R
A L K O L T R L B N F C O
L O I D I A I P E Y H M U
B M U N C S S E F O K R M
E F O R B Z B B O W T L B
```

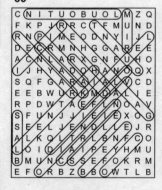

87

```
R V L H B T V G R O Y F K
N U T V N E U S J Z O R H
E Y S I R G U Y Y R Q W D
M V G L U R L E E V A W E
Y T E L R A C S L L I W D
R Q J I C T T O T Y L P W
R X Z R I L S U T D W I
K I N G J O H N I Q M N
M H S T H G I N K L W X S
B A L I D N L E G I U D T
J A R E C O O S L B R T
N F L R X U E D A O O W
S P X L O X B T W N Q W E
I X E N A W O S X Z R G F
F Y W T H D S H E R I F F
```

88

```
R E B M E T P E S S P N C
H D F A A D T R A V E B E
A T F H J Y E M D W I M Z
H A T F H B T S Y D N A I
B Q S U O S O E W D Y I F
R J S T I C A W N A M I S
O S C R E R J E D P O L H
M O H T F R K S P I H U J
A C N O D E E D I M H O
N E H N E N B S A O I H O
P W R W D X W R A N G F M
J Y G E E Y C P U D I X B
X U W Z N H K F L A H D W
C C L D U J R Z Y R R K
Z N M Y J H O L I D A Y A
```

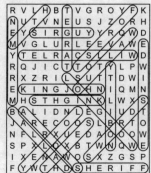

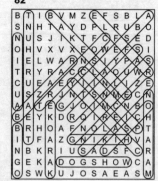

Solutions

89
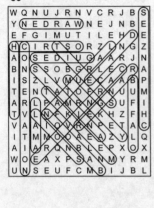

90

91

92
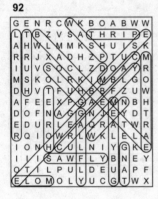

93

94
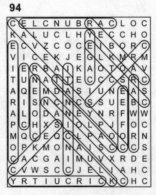

95

96
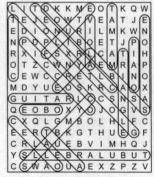

Solutions

97

98

99

100

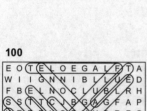

101

102

103

104

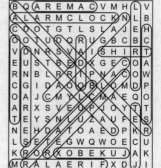

Solutions

105

106

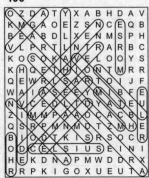

107

108

109

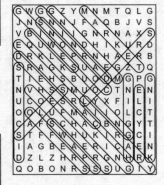

110

111

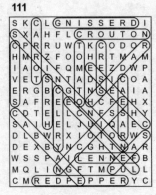

112

Solutions

113

114

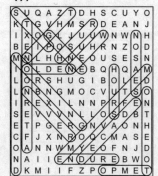

115

116

117

118

119

120

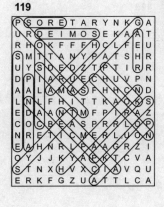

Solutions

121

122

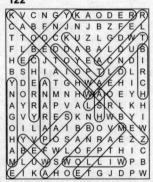

123

124

125

126

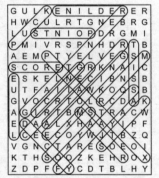

127

128

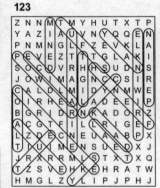

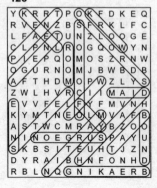

Solutions

129

130

131

132

133

134

135

136

Solutions

137

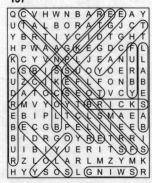

138

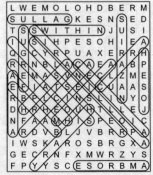

139

140

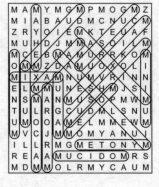

141

142

143

144

Solutions

145

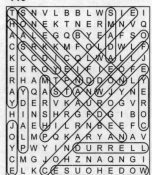

146

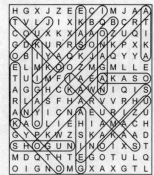

147

148

149

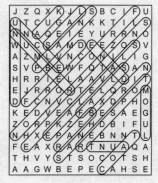

150

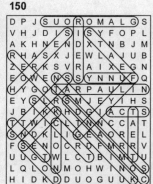

151

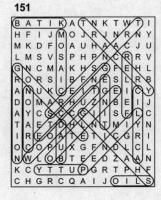

152

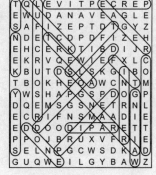

Solutions

153

154

155

156